全国扶贫教育培训教材（第一批）

U0792411

贫困村创业致富带头人培育工程优秀案例选编

全国扶贫宣传教育中心　组织编写
刘晓山　谭诗斌　主　编
刘少锋　陈平路　副主编

中国农业出版社
北　京

编 委 会

PREFACE 序

2018年2月12日，习近平总书记在四川成都主持召开“打好精准脱贫攻坚战”座谈会，对贯彻好党的十九大精神，全面打好精准脱贫攻坚战做出新部署时强调：“要突出抓好各级扶贫干部学习培训。对县级以上领导干部，重点是提高思想认识，引导树立正确政绩观，掌握精准脱贫方法论，培养研究攻坚问题、解决攻坚难题能力。对基层干部，重点是提高实际能力，培育懂扶贫、会帮扶、作风硬的扶贫干部队伍。”总书记关于做好干部学习培训工作的重要论述，是习近平总书记关于扶贫工作的重要论述的重要内容，为做好新时代脱贫攻坚干部培训工作指明了方向，提供了指引。

党的十八大以来，以习近平同志为核心的党中央把脱贫攻坚摆在治国理政突出位置，全面打响脱贫攻坚战。新时代脱贫攻坚的精准扶贫精准脱贫基本方略，是对传统扶贫开发方式的根本性变革，对广大干部群众的扶贫实践提出了新的要求，也对以提高扶贫干部工作水平为主要目标的扶贫教育培训提出了新的努力方向。全国扶贫宣传教育中心深入学习贯彻习近平新时代中国特色社会主义思想和党的十九大精神，以习近平总书记关于扶贫工作的重要论述为根本遵循，认真研判扶贫培训需求，积极推进扶贫教育培训教材建设。

2017年，全国扶贫宣传教育中心两次召开扶贫教育培训教材体系建设研讨会，评估脱贫攻坚培训内容及需求，对教材主题、形式、内容等进行研讨，确定第一批理论类、政策类、实务类、案例类和专题类5类8本教材的编写方案及编写大纲，邀请十多位长期研究中国扶贫问题并有丰富积累的教授担纲编写。历时一年多，在国务院扶贫办领导支持下，在扶贫办政策法规司及其他各司各单位指导帮助下，第一批全国扶贫教育培训教材于2018年初编写完成，中国农业出版社承担了出版发行工作。第一批全国扶贫教育培训教材共八册，分别是：《中国扶贫理论的形成与发展》《脱贫攻坚战略与政策体系》《精准扶贫精准脱贫方略》《产业扶贫脱贫概览》《资产收益扶贫的实践探索》《贫困村精准扶贫实施指南》《贫困村创业致富带头人培育工程优秀案例选编》和《脱贫攻坚理论实践创新研究》。

《中国扶贫理论的形成与发展》对贫困进行概述，系统阐述了贫困的产生、测量、分析的维度，重点论述了中国特色扶贫理论的背景、中国特色扶贫理论的构建，以及习近平总书记关于扶贫工作的重要论述。

《脱贫攻坚战略与政策体系》从横向和纵向两个维度对脱贫攻坚战略和政策体系进行叙述和讨论，阐述发展生产脱贫、转移就业脱贫、资产收益扶贫、易地搬迁脱贫、生态扶贫、教育扶贫、健康扶贫、社会保障扶贫以及解决特殊类型贫困问题，组织社会动员和社会参与，为脱贫攻坚提供保障等方面的政策措施。

《精准扶贫精准脱贫方略——基层干部读本》阐释了精准扶贫精准脱贫与全面建成小康社会之间的内在联系与重大意义、脱贫攻坚的目标与任务，深刻剖析了五大发展理念、六个精准与精准扶贫精准脱贫的辩证关系，分析了脱贫攻坚需要处理好的重大关系。

《产业扶贫脱贫概览》对产业扶贫进行了阐述和讲解，对我国产业扶贫及其历程进行了梳理，对扶贫产业选择的方法和未来发展的趋势进行了介绍，还对扶贫产业的风险及其防范进行了重点说明。

《资产收益扶贫的实践探索》在对各地资产收益扶贫项目进行实地调研、总结和提炼的基础上，从理论层面出发，对资产收益扶贫项目的运行机制和发展方向进行深入探索。

《贫困村精准扶贫实施指南——精准扶贫村级实施的程序与方法》包括四个方面的内容：精准扶贫的基本工作程序、村组层次扶贫方案的备选清单、国家打赢脱贫攻坚战相关政策选编、社区贫困的调研与分析方法。

《贫困村创业致富带头人培育工程优秀案例选编》从全国征集的

贫困村创业致富带头人培育工程案例中优选了10个案例进行讲解，并对具体的做法、效果、机制、政策等方面进行了重点论述。

《脱贫攻坚理论实践创新研究》以党的十八大为时间节点，充分反映了近五年来扶贫领域理论与实践的新思路和新发展，系统梳理了脱贫攻坚各领域政策体系、体制机制和实践经验。

2018年6月15日，中共中央、国务院印发《关于打赢脱贫攻坚战三年行动的指导意见》要求“实施全国脱贫攻坚全面培训”。我们认为，这八本教材以习近平总书记关于扶贫工作的重要论述为根本遵循，紧紧围绕脱贫攻坚重要问题和关键议题展开，具有基础性、开拓性、可操作性等特点，希望能够为全国脱贫攻坚“大培训”提供参考和借鉴，助力打赢脱贫攻坚战。

全国扶贫宣传教育中心

2018年7月

CONTENTS 目 录

打赢脱贫攻坚战的治本之策

——全国贫困村创业致富带头人培育工程优秀案例综述

实施贫困村创业致富带头人培育工程，是中共中央、国务院在《关于打赢脱贫攻坚战的决定》中做出的一项重要决策，是国务院扶贫办全力推进的精准扶贫十大工程之一。近年来，各地认真贯彻落实中央精神，按照国务院扶贫办的统一部署，积极开展贫困村创业致富带头人培育工程实施工作，使致富带头人培育工程在推进产业就业扶贫、带动贫困人口增收、实现精准脱贫中发挥了重要作用，并涌现出一批先进典型。本书选编的 10 个优秀案例，是各地先进典型的缩影。为了更好地发挥典型引路作用，我们对选编的 10 个优秀案例进行了综合分析，并结合前段对有关省（自治区、直辖市）培育工程实施工作的调查，提出如下综述报告：

一、中央高度重视贫困村致富带头人培育工作

（一）以习近平同志为核心的党中央对培育贫困村致富带头人高度重视

习近平总书记对贫困村致富带头人培育工作高度重视，多次在视察调研中和各类会议重要讲话中，强调加强基层党建和培育致富带头人的重要性，并提出明确要求。2012 年 12 月 29—30 日，习近平总书记在河北省阜平县考察扶贫开发工作时指出："农村要发展，农民要致富，关键靠支部。""农村基层党组织是党在农村全部工作和战斗力的基础，是贯彻落实党的扶贫开发工作部署的战斗堡垒。"① 在 2013 年中央农村工作会议上，习近平总书记指出："农村

① 习近平，2106. 在河北省阜平县考察扶贫开发工作时的讲话［N/OL］.（02－26）［2018－04－11］. http：//www.china.com.cn/lianghui/fangtan/2016－02/26/content_37881406.htm.

经济社会发展，说到底，关键在人。”① 2015 年 6 月 18 日，习近平总书记在部分省（自治区、直辖市）党委主要负责同志座谈会上的讲话中强调：“做好扶贫开发工作，基层是基础。要把扶贫开发同基层组织建设有机结合起来，抓好以村党组织为核心的村级组织配套建设，鼓励和选派思想好、作风正、能力强、愿意为群众服务的优秀年轻干部、退伍军人、高校毕业生到贫困村工作，真正把基层党组织建设成带领群众脱贫致富的坚强战斗堡垒。”② 2016 年 7 月 20 日，习近平总书记在宁夏银川全国东西扶贫协作座谈会上的讲话中强调：“要加大对西部地区干部特别是基层干部、贫困村致富带头人的培训力度，打造一支留得住、能战斗、带不走的人才队伍。”③

李克强总理多次在贫困地区考察调研中和各类会议讲话中，强调发挥农村基层党组织的战斗堡垒作用，发挥“第一书记”和驻村干部帮扶引领作用，重视选好用好脱贫致富带头人，重视吸引本土人才回流，为脱贫攻坚留下一支“不走的工作队”。

胡春华副总理强调，攻坚中之坚，必须把最会打硬仗、最能打胜仗的精锐部队派上去，各地要扎实做好针对贫困地区基层和贫困群众的培训，创新培训方式，注重培训效果，切实提高攻坚能力。

2015 年 11 月 29 日，《中共中央　国务院关于打赢脱贫攻坚战的决定》强调“大力实施边远贫困地区、边疆民族地区和革命老区人才支持计划，贫困地区本土人才培养计划。积极推进贫困村创业致富带头人培训工程”④。这是党中央、国务院在最高级别文件中，首次明确提出实施“贫困地区本土人才培养计划”和“贫困村创业致富带头人培训工程”。

2016 年 11 月 27 日，中共中央办公厅、国务院办公厅印发《关于进一步加强东西部扶贫协作工作的指导意见》，进一步强调：“努力探索先富帮后富、逐步实现共同富裕的新途径新方式”，“加大对西部地区干部特别是基层干部、贫困村创业致富带头人培训力度”⑤。

2017 年 3 月 3 日，中共中央办公厅、国务院办公厅印发《关于进一步加强中央单位定点扶贫工作的指导意见》，要求指导定点扶贫县坚持扶贫开发和

---

① 本报评论员，2014. 高度关注明天谁来种地 [N]. 人民日报，01－10.

② 习近平，2015. 在贵州召开部分省区市党委主要负责同志座谈会上的讲话 [N/OL].（06－19）[2018－04－11]. http://www.china.com.cn/lianghui/fangtan/2016－03/01/content_37908434.htm.

③ 佚名，2016. 习近平主持东西部扶贫协作座谈会并发表重要讲话 [N/OL].（07－21）[2018－04－11]. http://www.xinhuanet.com/politics/2016－07/21/c_1119259129.htm.

④ 佚名，2015. 中共中央 国务院关于打赢脱贫攻坚战的决定 [A/OL].（12－07）[2018－04－11]. http://www.gov.cn/zhengce/2015－12/07/content_5020963.htm.

⑤ 佚名，2017. 中共中央办公厅、国务院办公厅印发《关于进一步加强东西部扶贫协作工作的指导意见》[J]. 中华人民共和国国务院公报（1）：11－14.

农村基层组织建设相结合，突出抓好贫困村党支部书记、创业致富带头人、实用科技人才三支队伍建设。帮助村“两委”班子提高带领群众脱贫致富能力和水平，重视抓党建促扶贫，充分发挥党组织在脱贫攻坚中的战斗堡垒作用和党员的先锋模范作用[①]。

显而易见，大力实施贫困村致富带头人培育工程，打造一支留得住、能战斗、带不走的人才队伍，是习近平总书记关于扶贫开发重要论述的组成部分，是党中央、国务院为打赢脱贫攻坚战做出的一项重要决策部署。

（二）国务院扶贫办大力推进贫困村创业致富带头人培育工程

国务院扶贫办对贯彻落实习近平总书记重要讲话精神和中央决策部署高度重视，把推进贫困村创业致富带头人培育工程摆在十分重要位置，做出具体安排，加大工作力度，精心组织实施。

2014 年 10 月，国务院扶贫办协调福建、甘肃、宁夏 3 省（自治区），正式启动了贫困村创业致富带头人培训闽甘、闽宁试点工作，批复在福建省南安市梅山镇蓉中村设立全国首个“贫困村创业致富带头人培训基地”（简称蓉中培训基地）。国务院扶贫办主任刘永富出席了蓉中培训基地举办的首期培训班开幕式并讲话。

2015 年年初，国务院扶贫办将贫困村致富带头人创业培训纳入“十项精准扶贫工程”范围，作为全国十大精准扶贫项目之一大力推进、强力实施。

2015 年 8 月，国务院扶贫办下发了《关于组织实施扶贫创业致富带头人培训工程的通知》（国开办司发〔2015〕98 号），标志着贫困村创业致富带头人培训工程的实施工作在全国逐步推开。

2015 年 10 月，国务院扶贫办协调广东、广西两省（自治区），启动实施粤桂贫困村创业致富带头人培育工程东西协作试点，批复在佛山市南海区九江镇设立全国第二个“贫困村创业致富带头人培训基地”（简称九江培训基地）。支持广东省佛山市南海区与广西壮族自治区南宁市上林县结对，以东部地区优质产业向西部地区扩散对接为载体，有针对性地帮助上林县培训贫困村创业致富带头人。

2016 年 12 月，国务院扶贫办在北京举办了“全国贫困村创业致富带头人培育工程研讨班”，旨在通过总结工作、交流经验、分析问题、研究政策、理清思路，来加大此项工程在全国的推进力度。

2017 年第一季度，国务院扶贫办派出 3 个调查组赴相关省（自治区、直辖市）进行培育工程实施情况专项调研，加强督促指导。全国扶贫宣传教育中

① 佚名，2017. 政策支持贫困村创业致富带头人［J］. 中国扶贫（10）：9.

心启动了“贫困村创业致富带头人培育工程优秀案例教材”编写工作，由华中科技大学（中国·南方）减贫与发展研究院具体承担教材编写工作。

2017年12月，国务院扶贫办在宁夏固原市召开“全国贫困村创业致富带头人培育工作现场会”，推广宁夏固原市培育致富带头人经验。

2018年1月，国务院扶贫办、科技部、财政部、人力资源和社会保障部、农业部、中国人民银行、银监会、保监会等八部门联合出台《关于培育贫困村创业致富带头人的指导意见》。

2018年3月，国务院扶贫办在广西上林县召开“全国贫困村创业致富带头人工作现场会”，推广上林县东西协作实施“两培两带两促”致富带头人培育工作经验。

在国务院扶贫办具体部署和精心组织下，近几年，全国脱贫攻坚任务较重的省份都行动起来了，相关部门下发操作性文件，制订培育计划，认定培训基地，安排专项资金，明确部门责任，推动工作落实。各地在工作推进过程中涌现了一批先进典型。本案例教材选编的10个优秀案例，是各地先进典型的缩影和集中体现。

2018年5月，国务院扶贫办在广东佛山市举办全国东西扶贫协作贫困村创业致富带头人示范培训班、邀请有志于参加脱贫攻坚的企业家与来自“三区三州”贫困村创业致富带头人进行了扶贫培训和项目对接。

2018年7月4日，在京召开全国东亚部协作工作会，国务院扶贫办与广东、广西扶贫办在上林县探索总结两广的东西部协作培训贫困村致富带头人的“双培双带双促”模式，做为全国扶贫典型案例，在会上向中央领导和参会同志作了介绍。

二、致富带头人的界定与基本类型

（一）致富带头人的界定

“致富带头人”即“农村致富带头人”，是我国改革开放以来在各种语言交流形式中（口头、书面、媒体、网络等），出现比较频繁、应用比较广泛的一个常用语。但从理论上来说，“致富带头人”这一用语目前并没有概念化或术语化。所以，对于何为“致富带头人”，如何界定“致富带头人”，理论界、权威部门迄今尚未给出一个公认的、比较规范的定义或解释。

虽然“致富带头人”这一用语没有规范定义，但这并不影响人们对它的广泛使用。显然，当我们谈论农村致富带头人时，我们所述对象或意会对象并不是指的农村一般人或一般农民，而是指的某类特定人群。对于这类特定人群，我们可以按照约定俗成的意会方式，或采取特征列举法，来描述和界定“致富带头人”。我们以为，致富带头人是指具有以下基本特征的特定人群：

1. 农村经济能人 致富带头人首先是农村中的经济能人，自身能力比较强，综合素质比较高，有知识、懂技术、会经营、善管理，是农村优秀实用人才。一个无知无能或能力低下的人，不可能成功创业，也不可能带领、带动周边的人共同发展、共同致富。需要说明的是，这里着重强调的是“经济能人”特征，因为农村能人除了经济能人以外，还有其他方面的能人，如民间艺人、文化能人等。由于创业致富带头人主要是从经济上定义的，所以“经济能人”是他们共有的基本特征之一。

2. 植根于农村的创业创新者 致富带头人必须是植根于农村或扎根于农村的创业者，他们的事业与当地农村发展、与周边乡亲脱贫致富是紧密联系在一起的，是“接地气”的。这一点很重要。此外，致富带头人作为创业者，除了具备艰苦创业、勤劳致富等优良品质以外，更重要一点是具有敢为人先、勇于开拓的创新精神。通常认为，长期生活在传统农村社会的人，一般思想比较保守，观念比较陈旧，对新生事物不容易接受，缺乏进取精神，安于现状。而农村致富带头人恰恰是一些“与众不同”的人，他们勇于创新、勇于开拓，是当地在市场经济中敢于“第一个吃螃蟹”的人。

3. 农村乡贤 致富带头人必须是受到当地群众尊重的乡村贤人，是社会主义核心价值观的积极践行者。他们品德高尚，遵纪守法，诚实守信，为人正派，处事公道；他们热心扶贫济困，乐善好施，社会责任感强。

4. 当地群众脱贫致富的带动者或引领人 致富带头人的创业成功之路和脱贫致富经验，在当地群众中产生了较大影响和示范效应，并通过建立一定的经济组织形式和利益联结机制，带领带动当地群众直接参与创业项目，发展生产，增加收入，加快脱贫，共同致富。

基于以上4个方面基本特征，并根据实施贫困村创业致富带头人培育工程的需要，本书将“致富带头人”界定如下：致富带头人是指根植于农村创业兴业，领衔发展农村特色经济，带动当地农民特别是贫困农民激发内生动力，发展生产、增加收入、提高能力、加快脱贫，并进而迈入小康、走向富裕的农村经济能人或经济引领人。需要说明的是，这是一种狭义的定义。

（二）致富带头人的基本类型

根据实施致富带头人培育工程需要，通常我们将致富带头人分为以下几种类型：

1. 按民事责任主体不同，致富带头人可分为自然人致富带头人和法人致富带头人 也就是说，致富带头人的“人”，不仅包括自然人，也包括法人。自然人致富带头人一般指农村专业大户负责人、家庭农场负责人、新型职业农民（包括经纪人）等，他们具有家庭个体经营特征，但尚不具备法人资格。法人致富带头人包括产业化龙头企业、农民专业合作社、农村小微企业等经过工商注册的企业，它们具有法人主体地位，属于经济实体组织。从人们习惯来看，往往对自然人致富带头人和法人致富带头人并不做严格区分，一般认为致富带头人指的就是自然人，即指产业化龙头企业、农民专业合作社、农村小微企业、专业大户、家庭农场等新型农村经营主体的负责人或领办人。

2. 按是否已成功创业，致富带头人可分为已创业致富带头人和未创业致富带头人 已创业致富带头人是指已经创办、领办涉农产业（种植业、养殖业、农产品加工业、乡村旅游业、农村服务业等）并获得一定成功或先富起来的带头人。未创业致富带头人是指有创业愿望并具备创业潜质的潜在带头人，包括村干部、返乡回归青年等。无论是已创业还是未创业，这两种对象都属于致富带头人培育工程的培养对象。但就培训目标而言，二者侧重点不同，前者侧重于创业能力再提升，后者侧重于创业入门打基础。

3. 按是否属于农村基层党员，致富带头人分为党员致富带头人和非党员致富带头人 一些地方提出了“双培”基层党建工作目标，即把党员培养成致富带头人，把优秀致富带头人培养成党员。“双培”就是为了提高党员致富带头人的比重，以有利于进一步发挥党员在农村经济发展和脱贫致富中的先锋模范作用。

4. 按在农村社会中所担任的角色，致富带头人可分为狭义致富带头人和广义致富带头人 我们所称的狭义致富带头人，指的是前述的、具有4个基本特征的致富带头人，他们在农村社会中担任或扮演的主要是经济引领人角色。我们所称的广义致富带头人，除了狭义致富带头人以外，还包括农村基层党组织负责人特别是村党支部书记，他们是带领全村农民群众脱贫致富的核心力量和领头雁，在农村社会中担任或扮演着政治引领人角色。狭义致富带头人即经济引领人，与政治引领人之间存在着一定的交集或重合关系，这意味着有一部分致富带头人具有双重角色，他们既是经济引领人又是政治引领人，俗称“二合一”致富带头人或“双重”致富带头人。从这个意义上来说，创业致富带头人由两部分人组成：一部分是狭义致富带头人；另一部分是“双重”致富带头人。

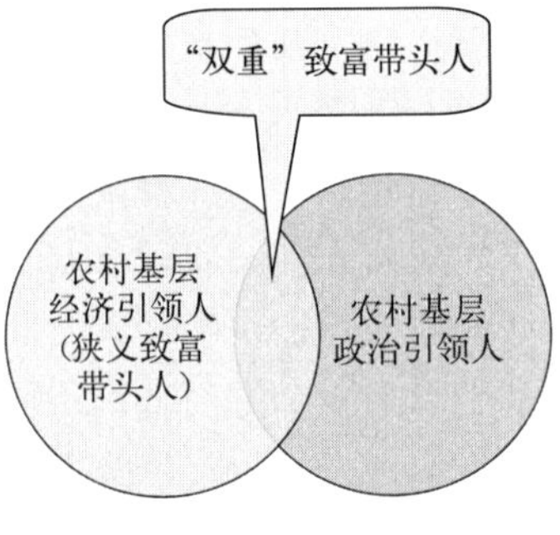

广义致富带头人构成

三、培育贫困村创业致富带头人意义重大

农村致富带头人是改革开放的产物，是农村先进生产力的代表，是新型农

业经营主体的重要组成部分，是带动贫困地区贫困人口加快脱贫致富的骨干力量。在脱贫攻坚中，积极培育创业致富带头人意义重大。

（一）贯彻“先富帮后富、携手奔小康”战略思想的重要举措

实现共同富裕，是中国特色社会主义理论的重要组成部分，是社会主义的本质要求，也是践行社会主义核心价值观的必然选择。习近平总书记在全党全国人民齐心协力打赢脱贫攻坚战的关键时刻，提出了“先富帮后富、携手奔小康”的扶贫战略思想，并要求深化扶贫协作，将“帮带”“携手”的对象范围具体化、微观化。不仅省（自治区、直辖市）之间，地区之间结对帮带，而且要实行“县对县、村对村、点对点、人对人”的帮带。大力培育贫困村创业致富带头人并充分发挥他们的帮带作用，就是践行习近平总书记扶贫战略重要论述，具体落实“村对村、点对点、人对人”帮带的重要举措，是帮助贫困村、贫困户通过发展生产尽快精准脱贫、奔向全面小康，并进而逐步走向共同富裕的必由之路。

（二）解决产业扶持“最后一公里”问题的关键抓手

“产业扶持脱贫一批”，是实施精准扶贫、精准脱贫方略的重要组成部分。支持贫困村、贫困户发展产业、增收脱贫，国家有政策支持、有资金扶持、有项目安排。但是在贫困村，靠谁来承接、领办扶贫产业项目？靠谁来解决扶贫产业项目在贫困村、贫困户落地的“最后一公里”问题？从本质上来说，承接、领办产业项目，发展地方特色产业，这是市场经济行为，只能靠市场主体、靠致富带头人。然而在许多贫困村，年轻力壮的、有本事能耐的、有经济头脑的人都外出了、流失了，村里出现了无人承接、领办、兴办扶贫产业项目问题，致使“产业扶持脱贫一批”的政策措施无法落地生根。

对于有劳动能力的建档立卡贫困户来说，虽然一家一户也可以搞一些小型产业项目，但是，绝大多数贫困户面临着“五缺一弱”困难（缺资金、缺技术、缺劳力、缺经营头脑、缺市场渠道、抵御风险能力弱）。因此，靠贫困户一家一户、单打独斗，很难把一方产业搞起来，一家一户所生产的农产品也因批量小、交易成本高，很难进入统一大市场。显然，发展特色产业，发展现代农业，这不是贫困户一家一户能干得了、干得好的，它需要有人领着他们干、带着他们干。这个领头人、带动者就是致富带头人。通过致富带头人领衔，采用“公司＋合作社＋贫困户”等组织带动形式，便可实行规模化、专业化、集约化经营，搭建起农户对接市场的桥梁。这既提高了产业的市场竞争力和抗风险能力，降低了交易费用，又帮带了贫困群众参与产业项目、提高发展能力、增加经济收入，实现了致富带头人和贫困户的“双赢”。从这个意义上来说，实施创业致富带头人培育工程，确确实实抓住了“产业扶持脱贫一批”关键

点，牵住了产业扶贫的“牛鼻子”，解决了贫困村产业扶持项目政策落地的“最后一公里”问题。

（三）实现外力帮扶和激发内生动力相结合的有效平台

外力帮扶不能简单地送钱送物，否则容易滋生“等靠要”思想，容易导致“政策养懒汉”，容易造成福利依赖。外力帮扶应当起到激发内生动力的效果，起到调动贫困群众自立脱贫主动性和积极性的激励作用。在外力帮扶和激发内力之间，需要有一个对接平台，需要有一种激励机制。而培育致富带头人，并通过致富带头人领办的产业项目和产业扶贫机制，就是一种激发内生动力的有效载体或平台。它可以利用致富带头人的典型示范，利用致富带头人领办的扶贫产业项目和利益分配激励机制，吸引贫困群众积极参与产业项目的各个生产环节，通过参加生产劳动，多劳多得获得收益。这才是帮助有劳动能力贫困人口实现稳定增收、自立脱贫，并最终实现自我发展、长效致富的根本出路。

（四）发展壮大贫困村集体经济的重要途径

建档立卡数据表明，大部分贫困村是集体经济“空壳”村。基层情况很现实，一个村如果集体经济“空壳”，那么，村“两委”的凝聚力、战斗力和在群众中的威信将大打折扣，说话无人听，有事难办成。也正因为如此，许多地方把发展壮大集体经济作为贫困村脱贫出列的硬指标之一。但是，发展壮大村集体经济说起来容易做起来难。难就难在路子究竟该怎么走、靠谁来帮助村集体经济增加收入。显然，靠贫困村“两委”班子几个人，重走“一大二公”、村办企业的老路肯定行不通。现在许多地方提出了“三变”思路，即“资源变资产、资金变股金、农民变股东”，这一思路很好。但问题是，谁来将这一思路变成现实？也就是说，实现“三变”的载体或“转换器”是谁？毫无疑问，是市场主体，是包括新型农业经营主体在内的农村致富带头人。

也正因如此，中央在《关于打赢脱贫攻坚战的决定》中提出探索实施资产收益扶贫。在不改变用途的情况下，将财政专项扶贫资金和其他涉农资金投入设施农业、养殖、光伏、水电、乡村旅游等项目形成的资产，具备条件的可折股量化给贫困村集体。资产可由合作社或其他经营主体统一经营。相关部门和村集体强化监督管理，明确资产运营方对财政资金形成资产的保值增值责任，建立健全收益分配机制，确保资产收益及时回馈持股的贫困村。根据中央《关于打赢扶贫攻坚战的决定》精神，实施创业致富带头人培育工程，就是要选好、育好、用好致富带头人，做大做强由致富带头人牵头负责的合作社或其他经营主体，强化这一“转换器”的“双带”（带动贫困户、带动村集体）扶贫理念和社会责任，确保村集体“三变”资产的保值增值，建立起村集体收入可持续增长的长效机制。

（五）打造一支“不走的工作队”的治本之策

人的因素是生产力第一要素，人才资源是经济社会发展第一资源。这些年，东部地区、城市地区的快速发展所产生的“极化效应”，吸引着贫困地区的生产要素（资金、人才、人力资源等）源源不断地向发达地区聚集。“孔雀东南飞”现象导致贫困地区农村的能人、才俊、青壮年劳动力等大量流失，农村“空心化”、农民“留守化”、土地“撂荒化”在许多地方已成为严重社会问题。谁来种地，谁来搞开发式扶贫，谁来发展现代农业、建设新农村？这不仅成为多年来困扰人们的一道难题，而且成为制约贫困地区农村脱贫进程和持续发展的最大瓶颈因素。突破这一瓶颈制约的治本措施之一，就是要加大贫困地区农村本土人才（包括创业致富带头人）培育力度；同时，采取积极有效的激励政策，吸引更多的本土人才回归创业、投资兴业，为贫困地区农村发展提供人才支撑，提供新动能。

贫困村脱贫攻坚，给钱给物是必要的，但关键是建一个好的党支部，培养一支留得住、能战斗、带不走的人才队伍。这才是长久之计、治本之策。“第一书记”和驻村工作队在一个村不可能永久派驻下去。贫困村脱贫出列后，发展还要继续下去。巩固脱贫攻坚成果，迈向更高水平小康，发展现代农业，建设美丽乡村，实施乡村振兴，实现共同富裕等，所有这些现实工作和历史任务，都决定了我们必须从现在开始，下大气力加强基层党组织建设，培育培养和发展壮大农村致富带头人队伍。只有这样，才能打造一支特别能战斗的“不走的工作队”，为贫困村脱贫攻坚、乡村振兴和长远发展，为巩固党在农村的执政地位打下坚实的基础。

四、典型案例的基本经验

本案例教材选编的10个优秀案例分别是：

（1）实施贫困村提升工程的重要抓手——福建省蓉中培训基地“1＋11”创业致富带头人培育模式；

（2）致富带头人培育跟着产业培育走——粤桂协作贫困村创业致富带头人“双培育”模式；

（3）抓党建，兴产业，促脱贫——宁夏回族自治区固原市农村“两个带头人”培育工程；

（4）打造一支不走的工作队——重庆市本土人才回引工程；

（5）党建引领，连村联创，抱团攻坚——湖南省麻阳县楠木桥村“一村带八村”创业扶贫；

（6）由劳务品牌向致富带头人品牌转变——浙江省云和县“云和师傅＋创业扶贫”培育模式；

（7）打造有机农业综合体，助力“两业”精准扶贫——湖北省英山县神峰山庄回归创业扶贫模式；

（8）宿迁市“支部＋电商”精准扶贫新路径；

（9）秀水天香的兴茶“带贫”之路；

（10）脱贫当自强，不忘穷乡亲——重庆市黔江区贫困户王贞六养蜂创业扶贫略纪。

我们梳理归纳了这些案例的基本经验和各地主要做法。

（一）把住首要关口：精准选择培育对象

选对人、选准人，是实施致富带头人培育工程的首要环节、首个关口。各地的主要经验和做法是：

1. 调查摸底，建立人才信息库 如重庆、宁夏等地充分发挥党委组织部门主管人才工作的优势，由组织部门牵头开展农村实用人才调查摸底工作。宁夏固原市从2015年6月开始，采取市县乡村4级联动，逐村对村“两委”班子成员，对现有合作社、家庭农场负责人和有一定产业形态的致富能人进行摸底调查，建立信息库和台账，从中选人。重庆市通过调查摸底，建立的本土人才库入库人才达4.2万余人。

2. 坚持条件，精准选择培训对象 如甘肃省规定参加蓉中培训基地贫困村致富带头人培训的对象，必须具备以下基本条件：①有良好的思想道德素质和社会责任感，热心扶贫事业，乐于带领农村贫困群众创业致富，具有一定的创业精神、创新意识、创业观念。②有一定的科技文化水平，能够有效掌握先进农业生产、农业现代技术知识与生产技能。③有一定的生产经营管理与产业开发能力，能够理论联系实际，坚持边学习边创业。④年龄在25～45周岁，有2年外出打工经历且愿意回乡创业的青年。对于村“两委”干部、村干部后备人选、农民专业合作社负责人、农村经纪人、种养殖大户、农业企业经营管理人员，以及有创业经历的人员，在同等条件下优先推荐。甘肃省各县（市）根据省里下达的培训计划，坚持选人条件，按照“个人报名、贫困村推荐、乡镇初审、县级确定”的程序，最终落实参训人员名单。

3. 严格标准，选好配齐基层党组织带头人 宁夏固原市在实施“两个带头人”培育工程中，严格选人标准，配齐基层党组织带头人。到2016年年底，全市821个行政村的党支部书记按照党组织带头人的标准，在支部换届中全部调整配备到位，其中贫困村党支部书记624名；先后两轮选派驻村“第一书记”1 374名；从致富带头人、返乡青年中择优选拔村级后备干部1 795名；

选拔表现优秀、群众公认的大学生村官担任村党支部书 25 名。选好配齐基层党组织负责人，大大增强了基层党组织带领群众脱贫致富的凝聚力和战斗力。

（二）夯实提升能力：精心组织创业培训

通过办培训班来夯实、提升创业能力，这既是实施创业致富带头人培育工程的重要工作内容，也是各地的一个普遍做法。目前主要培训方式有：

1. **集中系统培训**　如福建蓉中培训基地首创的“1＋11”培育模式，其“1”就是为期 1 个月（4 周）的基地集中系统培训。4 周的集中培训分为 4 个阶段：①点燃创业激情阶段。主要开展扶贫形势教育、励志教育，培养学员树立起带领贫困村、贫困户通过创业实现增收脱贫奔小康的高度责任感和使命感。②提升专业能力阶段。根据学员选择的创业方向，分小班学习专业课程，主要开设有种植、养殖、电子商务与营销、小微企业 4 个专业版块，帮助学员掌握所需的专业知识。③体验创业实践阶段。通过参观开发区、现代企业、专业合作社和小微企业等，感受创业氛围，体验创业过程，开阔视野，转变观念，启迪思路。④制订创业计划阶段。在完成“SIYB”（“创办和改善你的企业”）国际通用课程和相关创业政策培训基础上，在创业导师指导下制定返乡创业计划书。这 4 个阶段的集中培训，系统性较强，环环相扣。

2. **分类专业培训**　集中系统培训的优点是系统性强，让学员能系统地、全面地学习创业知识；但不足之处就是耗时较长，专业知识按需施教针对性不够，难以满足不同学员对不同产业的专业知识需求。针对这一情况，有的地方提出了分类专业培训的教学方式。如湖南省将创业培训分为经营管理型、创业技术型两大类别：①经营管理型培训。时间不超过 7 天，其中，集中授课与观摩交流学时数比例一般为 2∶1，主要开展农业经营管理和集体经济发展培训。集中授课以讲解国家涉农与扶贫政策、金融与信贷政策、农业发展动态与新技术、农产品市场营销及电子商务、农业企业、农民专业合作组织、家庭农场经营管理等相关知识为主；现场考察包括参观学习现代农业企业、农业示范园区、电子商务园区、新农村示范村等。②创业技术型培训。时间不超过 20 天，其中，集中授课与实践操作学时数比例一般为 1∶1，主要开展专业技能提升培训，按产业和专项技能开展分类精细化培训。集中授课以讲解种养生产技术、新品种推广应用、优质高产关键技术、农产品加工技术、农业电商经营模式、病虫害防治、国家涉农扶贫政策和金融信贷政策等相关知识为主。现场教学包括实践技能操作、观摩学习种植养殖基地、农民专业合作社、农业龙头企业等。这种分类专业培训针对性比较强，时间安排也较合理。

3. **围绕产业开发培训**　围绕产业开发组织创业培训，简称为“培训跟着产业走”，它由粤桂两省（自治区）东西协作贫困村创业致富带头人九江培训基地率先提出。粤桂东西协作结对试点县是广东省佛山市南海区和广西壮族自治区南宁市上林县。南海区是我国著名淡水鱼养殖基地和鱼苗孵化基地；上林县河溪交错，水塘密布，水质良好，适合发展高值渔产业。双方决定将南海区高值渔产业理念、资金、技术、品牌、市场优势，与上林县优质水资源、低成本劳动力优势进行互补对接，发展高值渔产业。计划从2016年开始，用5年时间在上林县发展澳洲淡水龙虾养殖3万亩[①]，辐射带动贫困户6 700户以上，脱贫人口达2万人。与此同时，围绕产业对接开发，2016—2017年九江培训基地举办了3期培训班，为上林县65个贫困村培训创业致富带头人303人，为承接高值渔产业和发展本地特色产业提供了技术和人才支撑。

4. 企业自主组织培训 与前3种由政府扶贫部门出资培训方式不同的是，企业自主组织培训是由企业根据创业发展需要自费自主开展的致富带头人培训。如湖北英山县神峰山庄，根据企业发展生态循环农业、推进一二三产融合的需要，近两年自主举办产业基地村干部、农民专业合作社负责人、种养大户培训班16期，培训3 000多人次；依托先秾大医集团商学院，举行山庄农民员工岗位培训2 600多人次；实现了“一个老板带出百名致富带头人，百名致富带头人带动千余贫困户”的“裂变效应”。湖北秀水天香公司根据产业扶贫需要，自办培训学校，培训茶业生产能手和贫困户。

（三）突出关键环节：强化创业孵化指导

1. 创业导师指导模式广泛推广 福建蓉中培训基地首创的“1＋11”培育模式，其中“11”就是指学员培训结业后11个月时间内，由培训基地的扶贫创业导师采用“师傅带徒弟”的方式，对学员返乡创业进行跟踪指导咨询服务。指导咨询形式：①随时可通过电话、QQ、微信等进行咨询，及时答疑解惑；②培训基地组织创业导师团队定期到学员创业地进行巡回现场指导。蓉中培训基地先后组织了4批扶贫创业导师团队共259人，对甘肃、宁夏贫困村培训学员的创业活动进行孵化指导，使学员创业率达到50.5%。蓉中培训基地首创的11个月扶贫创业导师指导模式，被全国许多地方复制和推广。

2. 线上创业互动指导正在兴起 如浙江省云和县打造了一个帮助致富带头人提高创业能力的在线学习平台——云和农民网络学院。云和师傅及致富带头人可在线上接受培训和创业指导。线上课件内容包括政策解读、互联网农业、农产品品牌化、经营管理等四大版块，16个专题，200多门课程。同时，聘请了浙江农林大学、浙江农业科学院、浙江林业科学院等专家进行线上互动，对云和师傅及创业致富带头人进行咨询指导服务。还如，辽宁西丰县利用

---

① 亩为非法定计量单位，1亩＝1/15公顷，下同。

微信网络平台新媒体，建立了“脱贫路上党旗飘”微信互动网络平台，结合脱贫攻坚、产业开发、实用技术、市场信息、基层党建等专题内容，相互交流，组织讨论，开展咨询。

3. 创业孵化实训基地逐渐推行 如湖南省麻阳县楠木桥村，是全国贫困地区率先建立致富带头人创业孵化实训基地的行政村。在村党支部书记谭泽勇带领下，该村于2008年创办了“楠木桥大学生村官创业园”，发展名优水果种植2 000多亩，打造农旅结合的生态农业观光园。多年来，这个“大学生村官创业园”成为致富带头人创业孵化实训基地，仅2016年至2017年上半年，共承办或举办农村致富带头人培训班9期，为湖南、贵州等省及本县培训致富带头人760人。还如，浙江省云和县在全县88个扶贫重点村中，筛选出13个产业发展基础条件较好村，作为扶贫创业孵化实训基地，并制定了孵化基地管理制度，为本县低收入农户发展产业或自立创业提供实训、指导、体验等服务。再如，广西上林县抓住粤桂东西协作机遇，结合本县发展壮大高值渔、山水牛、蛋鸡、林果、乡村旅游等支柱产业的规划布局，推进构建“$1+N$”扶贫创业孵化实训体系，打造贫困村致富带头人创业孵化培训平台升级版。“1”是一个县级扶贫创业服务指导中心；“N”是N个支柱产业创业孵化实训基地。这在全国是首创。

（四）确保“带贫”效果：创新扶贫带动机制

由扶贫部门主导实施的贫困村创业致富带头人培育工程，其核心目标是：通过培养一批致富带头人并扶持他们成功创业，引导和鼓励他们履行“先富帮后富”的社会责任，带领带动建档立卡贫困户、贫困村发展生产，提高能力，增加收入，实现稳定脱贫，并为今后的持续发展、长效致富打下坚实的基础。

为实现这一目标，确保致富带头人“双带”（带动贫困户、带动贫困村）效果，各地和各典型案例主体在创新扶贫带动机制方面下了“绣花”功夫，做了有益探索，取得了明显成效。归纳起来，主要有以下几种比较典型的致富带头人“带贫”机制：

1. 励志示范带动 人穷志短，观念陈旧，精神萎靡不振，内生动力不足，这是农村建档立卡贫困人口普遍性的共同特征，也是制约他们长期难以摆脱贫困的最大精神障碍。因此，扶贫就得首先扶志、励志。然而，扶志、励志的最有效办法，是贫困群众身边那些已成功创业、率先富裕的致富带头人的言传身教和示范效应。2016年冬至2017年春，宁夏固原市组织393名优秀致富带头人，分头深入到贫困村开展巡回演讲723场次，共有3.5万名群众参加听讲。巡回演讲的目的，是用身边的人、身边的事帮助贫困群众立志向、换脑子、学样子、找路子、激发内生动力。这种农民讲给农民听，用身边典型教育群众、开导群众、激励群众的方式，群众很容易接受，听得懂、有标杆、能管用，激励效果好。还有一个令人信服的案例是，重庆黔江区担子坪乡的农民王贞六。2015年他家还是一个建档立卡贫困户。他克服了家中儿子病重等重重困难，自强自立、不等不靠，立志养蜂创业。2016年就实现收入4万多元，摘掉了穷帽子，成为当地自立脱贫的一个标杆。王贞六的示范效应感染了村里的贫困户。王贞六牵头成立了养蜂合作社，带动25户建档立卡贫困户参加养蜂，并向他们免费赠送中蜂35桶，价值3万多元，帮助这些贫困户通过养蜂实现脱贫。总之，励志教育、精神扶贫、标杆示范，是一种十分有效的致富带头人“带贫”方式，也是扶贫扶本的一个“总开关”。

2. **特色产业利益联结带动** 通过致富带头人领办创办特色种植业、养殖业等，并建立起合理的产业利益联结机制带动贫困户增收。“公司＋合作社＋贫困户”是这一类产业扶贫带动的最基本组织形式。具体带动模式根据“＋”的方式、内容和机制不同而有所不同。目前，比较有代表性的具体“带贫”模式或利益联结机制主要有3种：

（1）订单农业“带贫”模式。致富带头人（包括产业化龙头企业、农民专业合作社、专业大户等）与贫困户签订订单农业合同，实行“四统两分”带动机制：致富带头人统一提供种苗等生产资料，统一提供技术服务，统一标准化生产，统一按保护价机制收购农产品；贫困户在自己的承包地上分户自营种植（养殖），分户按订单合同交售农产品。这是一种比较容易复制推广的“带贫”模式，而这一模式最能体现扶贫的关键点就是“两免一保”，即免费提供种苗等生产资料（主要由政府实行产业扶贫补贴），免费提供技术服务，按保护价机制收购贫困户的农产品（所谓保护价机制，是指收购农产品时，若合同价低于市场价，则按市场价收购；若合同价高于市场价，则按合同价收购，并且整个交易过程不压级压价）。

（2）土地流转“两金”“带贫”模式。根据产业规模经营需要，致富带头人（包括产业化龙头企业、农民专业合作社等）流转贫困户土地，贫困户获得土地租金（一般按亩产实物计租）；流转合同约定优先安排贫困户劳动力在产业基地务工生产，按当地劳动力平均日工资水平获得打工薪金。这种“租金＋薪金”带动方式，贫困户没有任何生产风险。闽甘、闽宁、粤桂东西协作案例，以及湖北英山县神峰山庄案例等，均采用的是这种“两金”带动模式。

（3）土地股份合作“带贫”模式。根据贫困村产业发展需要，致富带头人（产业化龙头企业、农民专业合作社等）采取农户（贫困户）土地入股作价方式，成立土地股份合作社。合作社对入股农户（贫困户）实行3次分配利益联结机制，让贫困户普惠分享产业发展收益：①贫困户经营管理自己承包地，向合作社交售农产品，获得初次分配的交易收益；②根据合作社章程，合作社可分配盈利按一定比例（或“六四分成”或“七三分成”等），贫困户作为合作社社员，在60%或70%可分配盈利中按农产品交易量（额）所占比例，获得第二次分配收益；③贫困户作为合作社社员，在40%或30%可分配盈利中按出资额（包括土地入股作价额）及国家财政资金所形成资产折股量化到户的股份，获得第三次分配收益。这种股份合作机制，既体现了市场经济“按贡献分配”一般规律，也体现了合作社内部的一视同仁，更体现了“普惠共享”包容发展理念。它有利于激励贫困户内生动力，通过自己劳动，发展生产，增加收入。如湖北秀水天香茶业有限公司及合作社实行的就是这类土地股份合作“带贫”模式。

3. 就近就地就业带动 通过致富带头人（包括产业化龙头企业、农民专业合作社、专业大户等）领办创办劳动密集型的农村第一、二、三产业，为贫困户劳动力优先提供就近就地就业机会，获得固定的或计件的薪金收入。第二产业主要是农产品加工业、来料加工业和手工业等，采取加工园区、社区工厂、扶贫车间、家庭手工业等具体承载形式；第三产业主要是农业农村社会化服务业、乡村旅游业、休闲健康养老服务业等。如山东鄄城县的扶贫车间、陕西平利县的社区工厂均属于这方面的典型案例。湖北英山县神峰山庄回归创业，全力打造“有机循环农业＋食品加工物流＋都市门店直销＋乡村旅游观光”的三次产业融合有机农业综合体，不仅带动周边31个村2 000多农户（含8个贫困村1 000多贫困户）参与有机农产品基地生产，而且安排青年农民和留守妇女603人（其中建档立卡贫困户劳动力136人）在神峰山庄直属第二、三产业企业就近就地上班就业，月薪少则3 000元，多则9 000元。2016—2017年，神峰山庄带动当地建档立卡贫困人口3 086人实现精准脱贫。

4. 资产收益扶贫带动 资产收益扶贫带动主要有两种具体形式：①财政扶贫资金资产收益扶贫。将财政专项扶贫资金和其他涉农扶贫资金（含扶持贫困村发展集体经济的财政专项资金、扶持贫困户发展产业项目的财政奖补资金）投入设施农业、养殖、光伏、水电、乡村旅游等项目所形成的资产，折股量化给贫困村集体，采取委托经营方式由致富带头人领办创办的经济实体（包括产业化龙头企业、农民专业合作社等）统一经营，并负责资产的保值增值。村集体获得保底固定收益或按股分红，并用于村里扶贫济困等公益事业。这种资产收益扶贫方式目前在许多地方得到推广。②小额信贷投资合作收益扶贫。我们称之为扶贫小额信贷“特色产业投资合作收益”模式。具体操作是：a. 签订四方协议。由政府扶贫办、承贷金融机构、市场主体即致富带头人、贫困户四方，签订特色产业投资合作收益扶贫协议。b. 贫困户办理借款。由授信贫困户按规定程序向金融机构办理“免抵押、免担保、财政贴息”扶贫小额信用借款手续。c. 投资放款。放款方式有两种：一种是由金融机构将贷款打入贫困户贷款专用账户，再由贷款贫困户委托金融机构将贷款拨付给市场主体即致富带头人；另一种是由贷款贫困户委托金融机构将贷款直接拨付给市场主体即致富带头人。所投入的贷款，作为贫困户在市场主体带领下共同发展特色产业的合作投资。d. 统管统用。市场主体对贫困户投入的扶贫小额贷款负责统一管理使用，用于能有效带领贫困户脱贫致富的特色产业发展。e. 投资收益。市场主体在贷款期限内，每年按本金一定比例（一般8%左右）给予贫困户合作投资收益。f. 到期还款。还款方式有两种：一种是市场主体将贷款还给贫困户贷款账户，再由贫困户将贷款归还给金融机构；另一种由市场主体负责将贷款还给金融机构。前一种方式体现了“户借户还”，符合国家相关政策；后一种方式是“户借企还”，从程序上存在着不合规风险。g. 财政贴息。一般采取财政部门按基准利率将贴息资金直接支付给放贷金融机构，金融机构不向贫困户收取基准利息（如果金融机构向贫困户收取基准利息，则财政将贴息资金补给贫困户）。这种模式缓解了市场主体领衔开发特色产业的资金瓶颈，同时又增加了贫困户收入。当然，前提条件是市场主体的经营业绩能确保到期还得上贫困户的贷款投资。这一模式在一些省份得到了广泛推广。但是，这一模式最大的弊端是，容易滑向福利主义或“政策养懒汉”，滋生贫困人口“坐等分红”。另外，3年贷款期满后，贫困人口没有了分红收入，很有可能重新返贫。显然。这是一种治标不治本的“应急”之策。

5. 新业态创业带动 2017年中央1号文件将乡村休闲旅游、农村电商物流、现代食品加工、宜居宜业特色村镇等列为农村新产业新业态。贫困地区致富带头人通过领办创办农村新产业新业态，对带动贫困村、贫困户参与项目、增加就业具有“吹糠见米”的效果。如江苏省宿迁市近几年大力发展农村电子商务，探索出“支部＋电商”精准扶贫新路径。目前，全市“中国淘宝镇”“中国淘宝村”数量分别占全省的1/3和1/5，电子商务交易拉动地区生产总值增长0.8个百分点，快递业务量和业务收入均居全国第十七位。2016年，全市1 405个村实现“一村一店”或“一村多店”，共开网店4.2万家，其中扶持低收入农户开办网店9 000余家；全市农村居民人均可支配收入达到13 929元，比2015年增长9.1%，其新增收入70%来自电子商务；全市年人均纯收入低于4 000元的99.5万低收入人口实现脱贫，360个经济薄弱村集体经济收入超15万元。

（五）加强实施保障：改善政策支持条件

综合各典型案例，并根据对相关省（自治区、直辖市）的调查了解，我们感到，各地在加强贫困村创业致富带头人培育工程实施保障方面，主要有以下4个方面的基本经验：

1. 党委、政府高度重视是前提 凡贫困村创业致富带头人培育工程推进力度大、实施效果好的地方，必定是党委、政府对此项工作高度重视，把它作为脱贫攻坚的重要工作抓在手上、落实在行动上，做到有部署、有目标、有任务、有措施、有考核。如湖南省怀化市委、市政府在全国率先提出“四跟四走”（资金跟着穷人走、穷人跟着能人走、能人带着穷人跟着产业项目走、产业项目跟着市场走）的扶贫新思路，突出了致富能人在产业扶贫中的关键引领作用，并就如何选好、培育好、使用好致富能人，做出了一系制度性安排，从而推动创业致富带头人培育工程在全市范围内全面铺开，并涌现出像楠木桥村这样的典型。再如，宁夏固原市“两个带头人”培育工程，之所以抓得有声有色、成效显著，也是市委、市政府将此项工作拿在手上抓的结果。

2. 相关部门共同参与是保证 贫困村创业致富带头人培育工程不是单一的扶贫工作，而是集精准扶贫、农村基层党建、农村人才工作、创新创业、新型农业经营主体培育、特色产业开发、培训教育、金融服务等多行业职能于一体的系统工程。显然，实施好这项工程仅靠扶贫部门唱独角戏是行不通的，需要多个行业职能部门主动参与、通力合作，有的甚至由相关部门担任牵头角色。如重庆市吸引本土人才回流工作、宁夏固原市“两个带头人”培育工程、江苏宿迁市“支部＋电商”扶贫等，均由当地党委组织部门牵头并协调相关部门共同实施。

3. 落实专项资金投入是关键 贫困村创业致富带头人培育工程，是一项“育人、育产业、带穷人”的扶贫工程，没有专项资金投入是不行的。“育人”需要培训资金，“育产业”需要创业扶持资金或产业扶持资金，“带穷人”需要有外力帮带和自立发展“双向激励”奖补资金等。实践证明，凡培育工程推进力度大、实施效果好的地方，除了领导高度重视、部门积极配合、扶贫部门狠抓以外，一条共同经验就是实施培育工程所需专项资金落实得较好。①落实专项培训经费。如甘肃、湖南、广西等省（自治区）发文明确，培训贫困村创业致富带头人所需的办班经费在中央和省（自治区）安排给各地的财政专项扶贫资金中列支，并由省（自治区）统一规定培训班天数和每人每天费用标准，从而保证了培训经费的落实。②落实创业扶持资金。湖南省对致富带头人发展产业并带动贫困户，按产业规模和带动贫困户数量分档次给予扶贫贷款贴息支持，以解决其创业融资难问题。广西上林县对粤桂东西协作发展高值渔产业给予大力扶持，安排专项扶持资金 2 000 万元专门用于支持澳益公司养殖基地的基础设施配套建设；并对致富带头人发展高值渔项目新开挖鱼塘每亩补助 3 000 元，改造旧鱼塘每亩补助 2 000 元。③落实“带贫”奖补资金。如广西上林县对致富带头人规模经营主体实行产业扶贫规模化财政奖补政策，对特色种植业规模 50 亩以上、畜牧养殖业达到规定饲养量且带动贫困户 5 户以上的，按“带贫”数量分别给予3万～20万元的财政奖补；对水产养殖规模20亩以上且带动贫困户5户以上的，按带贫数量分别给予2万～15万元的财政奖补；对乡村旅游业投资规模100万元以上且带动贫困户5户以上的，按“带贫”数量分别给予3万～15万元的财政奖补。

4. **发挥基层党组织作用是根基** 实施贫困村创业致富带头人培育工程，落脚点在基层、在村组、在农户。特色产业发展、土地流转规模经营、专业合作社组建、“带贫”机制建立等，都需要村党支部抓落实、搞协调，动员群众、组织群众、带领群众苦干实干。同时，还需要村党支部做好改善发展环境、维护社会治安等工作。显而易见，充分发挥基层党组织战斗堡垒作用，确确实实是实施好贫困村创业致富带头人培育工程的根本和基础。

五、要处理好“五个关系”

要坚持“四个原则”即：坚持带动贫困群众脱贫原则，坚持科学选择产业原则，坚持生态发展理念原则，坚持群众满意检验标准原则。围绕原则，要处理好“五个关系”。

一是大力支持带头人与为民谋利益的关系。我们在培育支持带头人的全过程中，始终不能忘记我们为民、为贫困群众脱贫致富的初心。要始终坚持选人标准、要始终坚持培育的正确导向、要始终坚持政策支持的扶贫目的、要始终坚持带贫机制、要始终遵循可持续发展规律、要科学合理设立考评验收机制，确保人民群众、尤其是贫困群众的利益。这是实现乡村振兴的前提和基础。

二是党委、政府支持和群众参与认可的关系。我们在培育、支持带头人的全过程中，始终不能忘记人民群众的主体地位，要牢固树立贫困群众是脱贫攻坚主体的意识。充分发挥好我党动员群众、激励群众，从群众中来到群众中去的群众路线、领导方法和工作方法的作用。要科学合理地将顺应群众的意愿和正确引导群众的意愿结合起来，要坚持相信群众的眼睛、依靠群众的力量，要坚定群众参与是前提、群众脱贫是目的，要坚信群众认可出成效，群众认可是检验我们工作成效的标准。

三是培育带头人与建强基层组织的关系。我们在培育、支持带头人的全过程中，始终不能忘记党性与人民性相统一，培育脱贫致富带头人就是为我们党的事业培养人才、培养骨干力量。要吸引更多的乡村人才回流农村创业，要将脱贫致富带头人培养成党员、培养成村干部、乡镇干部、培养成我们脱贫事业的中坚力量。要始终不忘党的基层组织的主要任务是脱贫攻坚，是坚决打赢打好脱贫攻坚战，村两委的主要能力就应该体现在打赢打好脱贫攻坚战的能力上。要将培育产业带头人和党的事业带头人紧密结合起来，也就是人民性和党性相统一。

四是物质扶贫与扶志扶智的关系。物质是基础，志向是追求，知识是力量。人对物质生活的需要是第一需要、基本要求，人在追求物质的过程中内因起主导作用，在有一定物质条件的基础上会有精神追求和境界，也就是志向。扶贫先扶志，有了内生动力和精神追求，外因才能起作用，才能实现开发式扶贫和稳定脱贫。要想摆脱贫困，阻断贫困的代际传递，抓好教育培训是根本。带头人在带贫的时候一定要将精神追求始终注入其中，要富“钱袋”，同时也要富“脑袋”，把扶贫开发的内涵充分体现出来，把扶贫开发为民、为民族的眼光和情怀注入实际工作中。不能出现富了物质、贫了精神，富了口袋、贫了脑袋。

五是发展产业与保护生态及长远发展的关系。选择产业、发展产业，一定要有五个意识：一是要有为我们的后代生产生活留下一个好基础、好环境的意识；二是站在全局视角而谋一域的意识；三是立足当前而谋长远的意识；四是瞄准高端而抓住眼前的意识；五是用好政策，尊重民意和规律的意识。

培育带头人为贫困群众谋利益，是践行为人民服务的宗旨，建强基层组织的需要，是为党的事业分忧担责；培育带头人促进贫困地区经济健康发展，是民族振兴、国家战略的需要，是为国富民强助力；培育带头人提升贫困地区乡村治理水平，是经济社会发展规律需要，是为集聚乡村振兴新动能。总之，培育带头人是一件为人民谋幸福的事，功在当代，利在千秋！

案例1　实施贫困村提升工程的重要抓手

——福建省蓉中培训基地“1+11”创业致富带头人培育模式

华中科技大学（中国·南方）减贫与发展研究院案例编写组

【导读】贫困村创业致富带头人“1+11”培育模式，由福建省蓉中村提出。该模式基本要义是：由西部相关省份选派贫困村致富带头人，到东部蓉中培训基地进行1个月的创业培训；学员结业返乡后，再由蓉中培训基地的扶贫创业导师给予11个月的培育指导，帮助其实现创业，带头发展特色产业或领办小微企业，带动建档立卡贫困户和贫困村集体经济增加收入，促进精准脱贫。本案例介绍了“1+11”模式的提出背景、基本内涵、关键环节、支持条件和实施效果等。

一、背景与概况

（一）蓉中村概况

福建省蓉中村，位于全国著名侨乡泉州南安市梅山镇。全村640户，2 920人，土地面积1千米^2，耕地面积仅500亩，是一个不靠山、不靠海、人均耕地不足0.2亩的资源匮乏村。改革开放以来，尤其是2000年以来，全村党员干部群众在村党委书记李振生（曾当选党的十七大代表、第十二届全国人大代表）的带领下，走出了一条“经济先行、文化引领、大众创业、强村富民”的发展路子。全村办起了20多家企业，吸引了70%以上的本村青年留村就业或回乡创业。2015年，蓉中村的物质文明和精神文明建设上新台阶，全村实现工农业产值11.6亿元，村集体经济收入426万元，农民人均纯收入22 600元。近几年，蓉中村先后荣获全国民主法治示范村、全国文明村镇、全国创先争优先进基层党组织等荣誉称号。2016年，村党委书记李振生荣获“国家脱贫攻坚创新奖”。

（二）东西部“村村结对帮扶”创业培训思路的提出与“试水”

作为一个先富起来的东部地区小康村，从2012年开始，蓉中村积极响应“东部帮西部、先富带后富”的号召，主动到西部地区甘肃省参加跨省“双联”（联村联户、为民富民）扶贫志愿活动，与该省白银市会宁县钟家岔村和天水市武山县北顺村，建立起东西部“村村结对帮扶”关系。2012年3月，蓉中村扶贫志愿者团队千里迢迢来到钟家岔村和北顺村，与村民群众共商脱贫之计，寻找致富路子。通过深入调查，志愿者团队发现这两个贫困村之所以长期贫困，除自然条件恶劣外：①不少村民群众观念落后，安于现状，怕冒风险，“宁愿苦熬、不愿苦干”，习惯于坐等政府扶持和社会救济；②人口“空心化”现象严重，村上稍有点能耐的青壮年劳动力大多外出打工，待在村里的基本上是“清一色”的老弱病残或“三留守人员”，发展本地经济缺乏创业领办人；③村集体经济“空壳化”，农民以传统农业为生计，缺乏自我“造血”功能；④村基层党组织软弱涣散，“书记穷、支委老”，缺思路、缺能力、缺担当，难以带领群众脱贫奔小康。针对上述“症状”，蓉中志愿者团队认为，搞“村村结对帮扶”，不能走送钱送物送温暖的老路，需对症下药、靶向治疗，立足于扶志、扶人、扶产业、强基层组织。于是，他们提出了“换脑、育种、造血、夯基”的八字扶贫思路，紧紧抓住贫困村提升发展的“牛鼻子”，把“村村结对帮扶”的切入点放在培育创业致富带头人这一关键抓手上。

蓉中志愿者团队说服和动员钟家岔村和北顺村的外出打工青年回乡发展创业。2012年，他们发挥蓉中村作为东部地区创业兴村的典型示范优势，依托梅山镇的成人职业教育资源，“试水”举办“市场营销与创办小微企业”培训班，分两期将钟家岔村和北顺村72名打工青年“请”到蓉中村进行免费培训。培训期间，组织学员参观蓉中村民营企业，学习东部改革开放的新思想、新理念，请成功企业家“现身说法”讲述创业经历，激发学员的创业激情，增强创业意识，学习创业本领。那些在蓉中村接受过创业培训的打工青年，回去以后有的领办专业合作社和小微企业，有的成为种养大户，有的进了村“两委”班子。在蓉中村结对帮扶和致富带头人创业带动下，仅两年时间，钟家岔村和北顺村就发生了显著变化，村里的蔬菜、养羊、林果、中药材等特色产业和小微企业园区迅速发展起来。2013年，钟家岔村的农民人均纯收入达到7 832元，比2011年（2 280元）增长2.44倍；北顺村的农民人均纯收入达到10 026元，比上年增长80.3%。

（三）从两村“试水”扩大到闽甘、闽宁试点

蓉中村结对甘肃省钟家岔村和北顺村，开展东西扶贫“村对村”创业培训

的“试水”成功，为在更大范围内实施贫困村创业致富带头人培训工程提供了有益借鉴。2013年，蓉中村又与甘肃省渭源县元古堆村结对扶贫，并把培训帮扶范围扩大至15个贫困村，累计（2012—2013年）4期为甘肃省培训贫困村创业致富带头人256人。蓉中村的先行先试经验引起了国务院扶贫办领导的高度重视：2014年4月，国务院扶贫办派出调查组赴蓉中村实地考察；2014年7月召开闽甘、闽宁东西扶贫创业培训对接座谈会，论证扩大创业培训试点的可行性；2014年10月，国务院扶贫办下达了《关于开展雨露计划贫困村创业致富带头人培训闽甘、闽宁试点工作的批复》，同意在蓉中村设立“国务院扶贫办贫困村创业致富带头人培训基地”（简称蓉中培训基地）。

至此，以蓉中培训基地为依托的闽甘、闽宁东西扶贫创业培训试点工作正式启动。与此同时，蓉中培训基地推出的“1＋11”贫困村创业致富带头人培育模式，在试点工作实践中也逐步得到完善。从2012年至2016年，蓉中培训基地共举办培训班11期，采用“1＋11”模式为甘肃、宁夏的54个贫困县培训培育贫困村创业致富带头人997人，有力推动了两省（自治区）的贫困村提升工程。

专栏1　蓉中培训基地

蓉中培训基地于2014年10月经国务院扶贫办批复设立，是一个为西部地区培育贫困村创业致富带头人的东西协作培训机构。该基地设在东部地区福建省南安市梅山镇，蓉中村为培训基地的牵头单位，泉州市京闽人力资源开发研究所、福建电大梅山实验学院、南安市工业学校、泉州海洋学院等为主要成员单位。目前，基地有专业教师、研究人员和扶贫创业导师160多人，网络扶贫创业志愿者300多人，可供培训学员参观、实践的专业合作社、电商企业、小微企业近百家。基地的多媒体教室、计算机教室、宿舍、食堂等硬件设施条件，可满足每期300人规模的培训学习活动。基地设立了富拼网网站，可供贫困村创业致富带头人线上学习，并为学员提供电子商务上线服务。

二、“1＋11”模式的基本内涵

“1＋11”模式是蓉中培训基地推出的一种培育贫困村创业致富带头人的工作模式。

“1”是指参训学员在蓉中培训基地进行为期1个月的创业培训。4周的集中培训分为4个阶段：

第一阶段——点燃创业激情阶段。重在开展扶贫形势教育、励志教育，让参训学员解放思想，更新观念，改变传统思维方式，从不想创业到迫切要求创业，从不敢创业到勇于大胆创业。通过这一阶段的培训，把创业的激情点燃起来，培养学员树立起带领贫困村、贫困户通过创业实现增收脱贫奔小康的高度责任感和使命感。

第二阶段——提升专业能力阶段。根据学员选择的创业方向，分小班学习专业课程，主要开设有种植业（大棚蔬菜、水果、中药材、花卉、苗圃等）、养殖业（养羊、养牛、养猪、养鸡等）、电子商务与农产品营销、小微企业（农产品加工、汽车摩托车维修、木制品、铁艺制品等）4个专业版块，帮助学员掌握所需的专业知识。

第三阶段——体验创业实践阶段。学员通过参观南安市相对应的专业合作社和小微企业，了解创业过程，体验创业的艰辛与酸甜苦辣。同时，组织参观泉州市台商开发区、清蒙科技开发区、南安市台商农副产品交易市场、晋江安踏集团、惠安盼盼集团等，让学员感受东部沿海地区的创业氛围，开阔视野，转变观念，启迪思路。

第四阶段——制订创业计划阶段。在完成"SIYB"国际通用课程和相关创业政策培训基础上，由创业导师指导学员根据所选择的专业项目方向，理清创业思路，设计创业计划书。先小组讨论，后班上交流，经过反复修改定稿，作为学员结业的课程设计作品，并由创业导师进行点评。1个月培训结束后，颁发福建电大梅山实验学院结业证书。

"11"是指学员在蓉中培训基地培训结业返乡后，11个月时间内可以继续获得以下创业学习和孵化指导：①通过蓉中培训基地富拼网，可继续接受培训基地的远程授课线上教育。②学员在创业过程中可随时电话或微信咨询创业导师，解决疑难问题。③创业导师采用"师傅带徒弟"的方式，为学员创业提供全程咨询跟踪指导服务。④蓉中培训基地定期派创业导师团队到学员所在地进行巡回现场指导，帮助学员解决创业过程中遇到的实际困难和问题。

三、模式运行的几个关键环节

（一）科学设置培训课程体系

培训根据贫困村创业致富带头人培训对象特点和培训需求，蓉中培训基地对1个月的集中培训课程做了精心安排。分为三大模块：①公共基础课模块。重点学习习近平总书记重要讲话精神，中央关于扶贫开发工作的重要部署，扶贫开发相关政策，基层党组织建设，东部改革开放的新思想、新理念和蓉中村创业兴村、发展集体经济、开展精神文明建设的经验和做法等，帮助学员解放思想，更新观念，提高认识。②专业核心课模块。专业课程主要有4个版块：种植业、养殖业、电子商务与农产品营销和小微企业。学员可根据本人所选择的创业方向，分小班学习上述专业核心课程。③能力拓展课模块。安排学员到南安市与所学专业相对应的专业合作社或小微企业实习，体验创业情景；组织企业家到培训班“现身说法”，讲述创业经历、成功经验和失败教训，与学员零距离互动；开设“SIYB”课程，激发学员的创业意识，了解创业政策，掌握创业技能，规范创业计划设计，为学员回乡后在贫困村成功创业夯实基础。

（二）改革传统培训教学方式

蓉中培训基地摒弃了传统成人培训“老师满堂灌，学员被动听”的教学方式，根据参训学员来自西部地区农村这一特点，利用东部地区改革开放先行优势，实行有针对性的开放式培训教学方式。①坚持解放思想，把对学员的“换脑、励志”教育摆在首要位置。②加大“眼见为实”的校外实践分量，把到工业园区、民营企业、小微企业进行现场体验式、观摩式、案例式教学摆在突出位置。③实行讲台向企业家开放，把创业成功人士请到课堂讲“创业史”，与学员互动分享其“创业经”。④开展“星期天项目对接开放日”活动，促进学员的创业项目设计与企业厂商的产业项目实行双向志愿对接。培训方式的改革与开放式教学的创新，使学员们增添了学习兴趣，激发了学习动力，活跃了学习氛围，收到了事半功倍的效果。

（三）建立教学质量评估机制

为了增强培训效果，蓉中培训基地始终把教学质量评估摆在重要位置，建立了一套评估制度。①授课质量评价。每堂课结束时，由学员对老师的授课内容、理论联系实际、课件准备、信息容量、讲课技巧、课堂互动等进行打分。②课程评价。每期培训班结束时，请学员对每门课程按“喜欢、比较喜欢、不喜欢”做出评价。③实行淘汰制。对学员不喜欢的课程予以淘汰，对学员教学质量评价不高的老师予以调整，不再续聘。据学员对2014—2015年蓉中培训基地举办的培训班教学质量评价，平均满意度达到97.6%。

专栏2　蓉中培训基地培训班学员对课程设置的评价

2016年11月13日，全国扶贫宣传教育中心及案例编写组，对蓉中培训基地第七期培训班开设的29门课程进行了一次问卷调查，要求参训学员从中选出最喜欢的10门课程。从回收的104份有效问卷选择结果看，最喜欢的10门课程及投票率排序依次是：

(1) 坚持正能量，当好带头人 (95.2%)；
(2) 燃烧创业激情，点亮梦想之灯 (81.7%)；
(3) 赚钱三部曲与营销大智慧 (72.1%)；
(4) 贫困地区农业主导产业选择——休闲农业 (71.2%)；
(5) 如何在创业中提升情商能力 (70.2%)；
(6) 贫困乡村创业模式与案例——向阳乡互联网+创客空间 (69.2%)；
(7) “1+11”创业扶贫培训模式解读 (68.3%)；
(8) 建立一个好的企业构想 (65.4%)；
(9) 受益一生的黄金创业法则 (65.4%)；
(10) 电子商务发展现状 (57.7%)。

(四) 做实创业导师跟踪指导

蓉中培训基地先后组织了4批扶贫创业导师团队共259人，采取“师傅带徒弟、母鸡孵小鸡”的方式，对学成返乡学员进行创业跟踪指导。这4批扶贫创业导师团队的人员构成是：企业家188人，占72.6%；农民专业合作社领办人55人，占21.2%；创业培训师及研究专家16人，占6.2%。其中有31人属于学员创业成功后由“徒弟变成师傅、小鸡变母鸡再孵小鸡”，成为当地的扶贫创业导师。创业导师与学员实行双向选择，并签订“扶贫创业对接协议书”，明确双方的责任和义务。协议约定创业导师对学员进行不少于11个月的线上线下辅导，同时安排时间定期到学员创业地进行回访和现场指导。对于实业型创业导师，与学员的双向选择一般建立在产业项目对接基础上。蓉中培训基地在每期培训班的后期，都要组织“项目对接洽谈会”，由泉州市民营企业家、创业成功人士与参训学员洽谈拟发展产业项目，并在此基础上自愿结成创业导师跟踪孵化指导关系。

专栏3 扶贫创业导师蔡培辉

蔡培辉，原籍福建省南安市，香港富丽集团董事局主席、总裁，甘肃闽台商会会长，甘肃台湾同胞联谊会副会长，甘肃省人大代表，甘肃省侨联常委，全国扶贫创业导师，蓉中村赴甘肃跨省“双联”志愿者团队核心成员。

蔡培辉自2012年参加甘肃省跨省“双联”志愿者团队以来，累计出资数百万元为贫困村捐资修路，出资培训贫困村创业致富带头人，为参训学员提供创业孵化基地，为扶贫搬迁农户提供就业机会。作为扶贫创业导师，蔡培辉手把手地帮扶和指导致富带头人进行创业。例如，蔡培辉帮扶和指导甘肃省卓尼县的创业致富带头人郭正（藏族，蓉中培训基地培训的第二期学员），与他签订帮扶指导承诺书，帮助郭正成功创办了建材销售公司、农业生态观赏旅游公司和农家乐。蔡培辉出资为甘肃省武山县北顺村免费培训30名创业致富带头人，指导和帮扶创业致富带头人包兆辉等人创办养殖合作社。蔡培辉指导帮扶甘肃省会宁县钟家岔村创业致富带头人孙瑞创办“会宁县蓉钟养殖有限公司”，带动村里120多户贫困农民发展养羊。

（五）强化创业扶贫带动意识

①把立志带动建档立卡贫困户增收脱贫，作为选择致富带头人培训对象的规定条件之一。凡对带动建档立卡贫困户增收脱贫未做出承诺的，不得纳入培训对象。②对参训学员强化扶贫社会责任教育。在课程安排方面，加大了扶贫政策与扶贫社会责任的宣传教育分量，帮助学员牢固树立“先富帮后富、带着穷人富”的观念和意识。③进行创业扶贫跟踪。运用学员数据库、富拼网和创业导师指导等，对学员返乡后的创业进展和带动贫困户增收情况进行全程跟踪指导。加大对创业成功并带动贫困户增收脱贫效果突出典型的宣传力度，为学员创业扶贫树立“赶学”标杆。

四、模式实施的东西协作支持条件

（一）明确东西协作责任分工

在国务院扶贫办的指导下，闽、甘、宁3省（自治区）扶贫部门共同负责业务指导和协调服务；蓉中培训基地负责集中培训和创业指导；甘、宁的相关县（市）扶贫部门负责学员推荐，并加强对参训学员的创业支持和跟踪扶持，优先为他们提供扶贫贴息信贷服务，帮助他们解决创业过程中遇到的实际困难。

（二）做好培训对象推选工作

甘、宁两省（自治区）扶贫部门制定了闽甘、闽宁试点工作落实方案，把培训对象的推选工作摆在首要位置。如，甘肃省扶贫办在落实方案中下达了培训对象的推选计划，并规定参加蓉中培训基地的培训对象必须具备以下基本条件：①有良好的思想道德素质和社会责任感，热心扶贫事业，乐于带领农村贫困群众创业致富，具有一定的创业精神、创新意识、创业观念。②有一定的科技文化水平，能够有效掌握先进农业生产、农业现代技术知识与生产技能。③有一定的生产经营管理与产业开发能力，能够理论联系实际，坚持边学习边创业。④年龄在 25～45 周岁，有 2 年外出打工经历且意愿回乡创业的青年。对于村“两委”干部、村干部后备人选、农民专业合作社负责人、农村经纪人、种植养殖大户、农业企业经营管理人员，以及有创业经历的人员，在同等条件下优先推荐。各县（市）扶贫部门根据省里下达的培训计划指标，按照“个人报名、贫困村推荐、乡镇初审、县级确定”的程序，最终落实赴蓉中培训基地参训的人员名单。

（三）保障集中培训专项经费

闽甘、闽宁试点贫困村创业致富带头人的培训经费，在甘、宁财政扶贫资金中专项列支。甘肃省由相关县（市）在省到县的财政扶贫资金中列支，由各县（市）扶贫部门按政府购买服务的形式，与蓉中培训基地签订委托培训协议。宁夏回族自治区由区扶贫办直接安排财政专项扶贫资金用于创业培训。培训经费按每人 1 万元标准掌握，主要用于在蓉中培训基地培训 1 个月所需的住宿费、伙食费、场地租赁费、讲课费、资料费、考察交通费和其他费用等。

（四）动员社会力量参与培育工程

实施“1＋11”模式培育贫困村创业致富带头人，是一项系统工程，需要政府部门、市场主体、社会组织、志愿者个人等多方面力量共同参与。蓉中村利用自身影响和社会资源优势，动员组织了近百家企业作为培训班的现场考察点，并为参训学员创业项目提供厂商对接选择；动员组织了 200 多位民营企业家和创业成功人士参与扶贫创业导师团队，热心为参训学员无偿提供创业跟踪指导服务。甘、宁两省（自治区）也动员了百余名本地民营实业家、创业成功人士加入扶贫创业导师志愿者队伍，帮助致富带头人大胆创业、成功创业，支持贫困村、贫困户在创业带头人的带领下发展产业、增收脱贫。

五、模式效果与致富带头人作用

（一）培养了一大批贫困村创业致富带头人

2012—2016 年，蓉中村及培训基地先后共举办了 11 期培训班，为甘、宁两省（自治区）培训培养贫困村创业致富带头人 997 人。其中，村“两委”干部占 17.6％；农民专业合作社负责人、种养大户占 22.1％；打工返乡青年占 51.7％；其他占 8.6％。这些学员学成回归后，有的成为加强贫困村基层党组织建设的中坚力量，有的成为特色产业的创办领头人，有的由“小鸡变成母鸡”，成为扶贫创业导师志愿者，指导村里其他人创业。简而言之，培育了“种子”，留住了人才。

专栏4　杨宗寿：由致富带头人到扶贫创业导师

杨宗寿，甘肃省定西市临洮县洮阳镇旭东村人，蓉中培训基地第三期学员，后参加蓉中培训基地第二期扶贫创业导师培训，他完成了“母鸡带小鸡，小鸡变成母鸡带小鸡”蜕变过程，从一个创业致富带头人转变成为一名扶贫创业导师志愿者。

参加培训前，杨宗寿已是个小老板。2015 年他参加了蓉中培训基地第三期创业致富带头人培训后，进一步解放了思想，更新了观念，提升了能力。返乡后，先后成立了临洮县旭东肉羊养殖场、临洮县洮珠饲草料配送中心和临洮县牛羊交易市场，建立起繁殖、育肥、屠宰、销售一条龙服务体系。杨宗寿合作社为贫困户养羊免费提供技术指导，实施“送种换羔”扶贫模式，把价值 15 元/千克、重 50 多千克的种公羊免费送给建档立卡贫困户，次年由贫困户将所产羔羊繁育到同等质量的出栏羊还给合作社。按市场价计算，相当于直接给每户贫困户送去扶贫资金 2 000 元，这样使贫困户既有高品质的羊养殖，又起到直接带动扶持养殖户的作用。他收购农户的玉米秆等草料，制成配方饲料低价出售给贫困农户，提高了养殖户的羊肉品质和价格，提升了市场竞争力。

创业成功后的杨宗寿为了帮扶带动更多的创业致富带头人，报名参加了蓉中培训基地第二期扶贫创业导师培训。回乡后，他指导临洮县 34 位创业致富带头人发展养殖业，被推选为临洮县养殖协会会长。

（二）促进了贫困村特色产业发展

过去，许多贫困村由于受到“七缺”（缺志气、缺人才、缺思路、缺资金、缺技术、缺信息、缺销路）瓶颈制约，特色产业始终搞不起来，自我“造血”功能机制始终不能建立起来。闽甘、闽宁试点的实施，参训学员经过蓉中培训基地“1＋11”培训培育，思想观念改变了，创业激情点燃了，创业能力提升了，立志通过创业改变家乡面貌的信念增强了。一名参训学员就像一粒种子，回乡以后可将村里的产业开发带动起来。据蓉中培训基地网站调查和实地回访，2014—2015 年先后 4 期培训的 458 名学员，已有 231 名学员办理营业执照，开始创业，创业率达到 50.5％。

（三）带动了建档立卡贫困户增收脱贫

参训学员经过蓉中培训基地培训以后，扶贫社会责任意识不断强化，“先富帮后富、带着穷人富”的观念牢固树立，从而提高了带动贫困户就业创业增收的自觉性，涌现出了一批典型学员。回乡创业的致富带头人大多实行的是“合作社＋产业基地＋贫困户”的产业扶贫模式或“带贫”机制，收到良好效果。参训学员返乡创业，每人带动建档立卡贫困户 5～10 户不等，最多的已带动上百户建档立卡贫困户加入创业行动。

专栏 5　张彩霞：创建合作社带领贫困农民脱贫致富

张彩霞，宁夏回族自治区银川市永宁县闽宁镇木兰村人，枸杞种植大户。2014 年 10—11 月，参加在蓉中培训基地举办的“贫困村创业致富带头人闽、甘、宁第一期培训班”学习。木兰村有耕地 6 200 亩，农户 792 户，农民们有种植枸杞的传统。为把家乡的枸杞产业做大，张彩霞主动邀请自治区农科院专家到村里做技术指导。通过专家手把手的指导，木兰村的枸杞种植产量明显增加。但在销售过程中，农户的枸杞大多被商贩低价收走，影响了村民们的收入。为了让村里枸杞种植户的收益逐年增加，张彩霞萌发了成立合作社的想法。

通过参加闽、甘、宁第一期培训班“1＋11”学习，在创业导师指导下，张彩霞开拓了思路，编制了创业设计书，计划突破单一枸杞种植模式，对枸杞种植、加工、包装、销售等环节实行“一条龙”经营，以此来带动全村枸杞种植户增加收益。培训班结束后，张彩霞创办了“永宁县木兰红枸杞种植收购专业合作社”，并注册了“木兰红枸杞”商标，打出自己的品牌，扩大了知名度。目前，合作社吸纳农户（包括建档立卡贫困户）128 户，种植面积 600 余亩，户均每亩增收入 5 000 元。

（四）加强了贫困村基层党组织建设

本着“把创业致富带头人培养成村干部，把村干部培养成创业致富带头人”的工作思路，蓉中培训基地开展的创业致富带头人培训，把“夯基”和“两用人才”培养摆在重要位置，收到了良好效果。①参训的在职村“两委”干部的综合素质得到明显提升。2012—2016 年，甘、宁两省（自治区）先后有 175 名贫困村“两委”干部到蓉中培训基地接受培训。蓉中村作为全国创先争优先进基层党组织、全国民主法治示范村、全国文明村镇，其“经济先行、文化引领、大众创业、强村富民”的发展理念和“既要富口袋又要富脑袋”的治理经验，使参训村“两委”干部收获颇丰、受益匪浅。②部分创业致富带头人成为党员骨干或村“两委”成员，使贫困村党组织带领群众脱贫致富的号召力、凝聚力和战斗力明显提升。

专栏6　温成娃：从创业致富带头人到村民委员会主任

温成娃，甘肃省陇南市宕昌县理川镇苏都村村民。2013年年初，他牵头组建了“大东山中药材农民专业合作社”。2015年4月，温成娃参加蓉中培训基地“扶贫创业志愿者”培训班。培训返乡后，他的合作社和创业扶贫更上一层楼：合作社成员增加到506户，其中吸纳建档立卡贫困户76户，年加工各类中药材326吨，中药材销售总额达3 230万元，安排稳定务工人员50人、季节性务工人员95人。温成娃和他的合作社，对有中药材种植条件的贫困户采取土地入股等形式吸纳到合作社，为缺生产资金的贫困户主动联系银行贷款，并提供担保。

温成娃“致富不忘穷乡亲”，受到村民群众的一致认可与好评。在2015年村民委员会换届选举中，他被村民推选为村民委员会主任。同年，被县委组织部、县扶贫办聘为“宕昌县扶贫创业志愿者（导师）”。他领办的“大东山中药材农民专业合作社”获得了甘肃省农牧厅“无公害农产品加工基地”称号。

六、需要进一步完善的若干机制

实现蓉中培训基地“1+11”培育模式的长效运行和可持续发展，尚需要进一步完善以下政策环境和工作机制：

（一）进一步完善培训经费筹措机制

西部省（自治区、直辖市）选派致富带头人到福建蓉中培训基地参加为期1个月的集中培训，所需培训经费标准为每人1万元。甘肃省的做法是，由学员派出县（市）在省到县的财政扶贫资金中列支。所以，甘肃省的学员培训经费来源基本上得到了保障，派员培训工作一直没有中断。宁夏回族自治区先期派出104人参加培训，由区扶贫办直接安排财政专项扶贫资金用作培训经费；后由于改革扶贫项目资金管理体制，实行项目资金审批权到县，给创业培训经费落实增加了难度，派员培训也一度中断。基于这一情况，可考虑从政策机制设计上明确以下筹资方式：①对于没有东西协作对口关系的省份，可借鉴甘肃省的做法，由学员派出县（市）在省到县的财政扶贫资金中列支；②对于有东西协作对口关系的省份，可实行东西共筹形式，由结对省份各承担50%，在财政扶贫资金中专项列支，或者由东部省份在东西协作财政援助资金中全额专项列支。

（二）进一步健全创业扶持投入机制

参加培训的贫困村致富带头人回乡创业，所遇到的最大困难之一是启动资金短缺。这就需要当地扶贫部门采取主动作为态度，积极协调落实创业扶持资金。一方面要积极主动与当地人力资源和社会保障、共青团、农业、教育、妇联等部门合作，共同开展面向贫困村、贫困户的创业扶持活动，争取这些部门的创业政策对精准扶贫的支持。另一方面，要积极主动与相关金融部门合作，协调落实扶贫创业信贷支持政策，对致富带头人带动贫困户发展产业和安排就业，给予扶贫贴息贷款支持。

（三）进一步探索创业扶贫带动机制

能力培训、创业指导、“带贫”增收，是贫困村创业致富带头人培育工程的三大基本环节，是一个有机整体。尤其是带动建档立卡贫困户、贫困村增收脱贫，这是扶贫部门主抓贫困村创业致富带头人培育工程的出发点和落脚点。从理论和实践逻辑上来看，“1+11”培育模式的工作重心主要在前两个环节。下一步，需延伸和完善这一模式，把“带贫”增收作为重要一环。各地扶贫部门要加强与蓉中培训基地的全程合作，在共同做好选人派人、能力培训、创业指导等工作的同时，积极探索致富带头人创业扶贫带动机制，包括产业带动机制、股份合作机制、资产收益机制、增值分享机制等。应及时总结和推广在创业“带贫”方面的典型经验、典型模式、典型机制，丰富“1+11”培育模式的内涵。同时，要建立激励约束机制，按带动贫困户数量和增收脱贫效果，对创业带头人给予相应的创业支持；对没有履行带动承诺的创业带头人，则不予支持。

（四）进一步健全培育工程监测评价机制

围绕能力培训、创业指导、“带贫”增收三大基本环节，建立健全贫困村创业致富带头人培育工程监测评估机制。科学设置一套评价指标体系，包括培训教学质量评价，创业指导绩效评价，带动建档立卡贫困户、贫困村增收脱贫效果评价，促进贫困村基层党组织建设评价等。同时，建立一套规范的跟踪监测信息反馈统计制度，使学员的创业进展、机制创新、“带贫”效果等动态信息和相关数据，能真实、准确、及时地向培训基地和当地扶贫部门进行反馈。

【点评】由福建省蓉中村原创和践行的“1＋11”贫困村创业致富带头人培育模式，是一种建立在东西部扶贫协作基础上的贫困地区农村创业致富带头人培养机制、产业扶贫机制、内生动力机制、社会动员机制、基层党建机制的整合创新。通过为西部地区贫困村培育创业致富带头人这一抓手，牵住了实施贫困村提升工程的“牛鼻子”，抓住了帮助贫困村、贫困户发展特色产业、增加造血功能、实现精准脱贫的支撑点，探索了“村对村”东西扶贫协作的新路子。

现阶段贫困地区的农村经济，归根到底是一种“能人带动经济”；贫困地区农业生产力发展，归根到底要靠新型农业经营主体即致富带头人（农民专业合作社、能人大户、家庭农场等）来引领发展。多年来，贫困地区各级政府及扶贫部门一直号召搞产业扶贫，一直支持搞产业扶贫，会没少开，文件没少发，扶贫资金也没少花，然而在许多贫困村，特色产业和商品农业仍旧搞不起来。这当中，或许有资源禀赋原因，但根本症结仍是思想问题、观念问题、人的问题，尤其是缺乏产业领办人、创业带头人和基层党组织战斗力不强。

蓉中村到甘肃省参加“村对村”结对帮扶，针对西部贫困村的贫困症结，立足于扶志、扶人、扶产业、强基层党组织，提出了“换脑、育种、造血、夯基”的八字扶贫思路，把“村对村”结对帮扶的切入点和着力点放在“培育贫困村创业致富带头人”这一关键抓手上，并原创性探索出“1＋11”培育模式。本案例说明，“1＋11”培育模式是十分有效的。尤其到东部地区异地培训，对于来自西部地区农村最基层、最偏远的农民来说，在转变思想观念、开阔创业视野、体验创业氛围、对接东西项目、拓展销售市场、接受东部导师指导、提高创业成功率等方面是大有裨益的。

“1＋11”培育模式的一个重要创新，还在于建立起一个以培育贫困村创业致富带头人为引擎的东西扶贫协作新平台。通过这一平台，既为贫困地区贫困村培养了致富带头人“两用人才”（即把农村党员干部培养成致富带头人，把致富带头人培养发展成党员干部），又把贫困村、贫困户的产业开发带动起来，也把贫困村、贫困户的自我发展、自我“造血”的内生动力激发起来。通过这一平台，把各种社会资源（民营企业、社会团体、民间组织、志愿者、爱心人士等）动员起来，形成创业扶贫、脱贫攻坚的合力，弘扬了“先富帮后富，携手奔小康”“送人玫瑰，手留余香”的大爱情怀和快乐扶贫精神，促进了社会的融合发展、包容发展。多年来的闽、甘、宁试点实践证明，“1＋11”模式具有较强的可复制推广性。当然，要实现这一模式的健康长效运行和可持续发展，还需要相关方面进一步协同完善经费筹措、创业扶持、监测评价、社会参与激励等工作机制和政策环境。

调研组：刘晓山　刘少锋　谭诗斌
执　笔：谭诗斌
点　评：陈平路

思考题

1. 在东西扶贫协作中，采取异地培训方式，将西部地区的贫困村创业致富带头人送到东部地区培训，对提高其创业意识和创业能力有什么益处？是否可采取两地分段培训相结合的方式？

2. 如何从制度机制上完善扶贫创业导师跟踪指导服务工作，提高11个月的致富带头人创业孵化质量和成功率？

3. 东西协作开展贫困村致富带头人创业培训与创业孵化，能否采取东西合作共同出资方式，解决所需的培训及孵化服务经费？

案例2　致富带头人培育跟着产业培育走
——粤桂协作贫困村创业致富带头人“双培育”模式

华中科技大学（中国·南方）减贫与发展研究院案例编写组

【导读】为探索东西协作培育贫困村创业致富带头人有效工作机制，2015年9月，国务院扶贫办批复启动实施粤桂两省（自治区）贫困村创业致富带头人培育工程东西协作试点，支持广东省佛山市南海区与广西壮族自治区南宁市上林县结对，以南海区高值渔产业向上林县扩散对接为载体，有针对性地帮助上林县培训培育贫困村创业致富带头人。通过合作实施“双培育”工程——“产业培育＋致富带头人培育”，带动建档立卡贫困户和贫困村参与特色产业开发，增加经济收入，加快脱贫致富。本案例介绍了“双培育”模式的提出背景、围绕产业开发开展创业培训、产业培育孵化、三种创业“带贫”机制及其扶贫效果等，并简要介绍了目前实施的以“两培两带两促”为基本内容的试点提升行动计划。

一、粤桂协作“双培育”模式提出的背景

广东省佛山市南海区位于珠江三角洲腹地，是著名“广东四小虎”之一。南海区九江镇位于西江和北江之间，河网纵横，鱼塘密布，水资源极其丰富，是我国传统淡水鱼养殖基地和鱼苗孵化基地，被誉为“中国淡水鱼苗之乡”。全镇淡水鱼养殖面积3.2万亩，年渔业产值达到12亿元。全镇有大小鱼苗孵化场近百家，年鱼苗孵化产量1 500亿尾。九江镇的淡水渔业已走向产业化，形成了集鱼苗孵化、种苗培养、饲料研发、成鱼养殖、物流配送、境内外销售、渔具批发为一体的重要集散地。近年来，由于土地（水域）资源面积有限和劳动力成本攀升，南海区九江镇的淡水渔业发展空间受到一定的制约。

南宁市上林县位于广西中南部、大明山东麓，是一个以壮族为主的少数民族聚居县，辖7镇4乡，131个行政村（社区），总人口50万，其中乡村人口

约10万户39.7万人。2015年年末，全县仍有贫困村65个，建档立卡贫困户2.6万户8.14万人，是国家扶贫开发工作重点县和滇桂黔石漠化集中连片特困地区片区县，脱贫攻坚任务十分繁重。上林县是清水河（思揽江）的发源地、珠江源头之一。县内河溪交错、水塘密布，水资源丰富且水质良好，适宜发展高值渔产业。上林县农民也有水产养殖传统，但由于资金缺乏、技术落后、设施简陋、市场闭塞，渔业发展小打小闹一直没有形成气候。

广东、广西是东西协作结对省（自治区）。根据中央关于深化东西扶贫协作、开展"县对县、村对村"结对帮扶精神，国务院扶贫办会同粤桂扶贫办和地方政府，经过充分调研论证，分析了南海区和上林县在发展高值渔产业方面的各自优势（一方有资金、有技术、有品牌、有市场；另一方有优质水资源、有低成本劳动力），形成了产业扩散帮扶对接的共识。两省（自治区）积极鼓励和支持广东有实力的农业产业化龙头企业到上林县贫困村投资兴业，推进高值渔产业的扩散对接，实现优势互补、互利共赢。同时，通过高值渔产业的扩散开发和帮扶对接，带动上林县的其他特色产业（如上林香米、肉牛、蛋鸡、林果、乡村旅游等）加快发展，为实施产业精准扶贫提供产业支撑。

为了把高值渔产业和其他特色产业项目做实，国务院扶贫办及粤桂扶贫办在南海区九江镇河清村设立了"粤桂两省（自治区）贫困村创业致富带头人培训基地"（简称九江培训基地，九江镇河清村党支部书记潘健章任基地主任），以培育壮大高值渔产业和其他特色产业项目为载体，有针对性地帮助上林县培训培育贫困村创业致富带头人。通过合作实施"双培育"工程——"产业培育＋致富带头人培育"，带动上林县建档立卡贫困户和贫困村参与产业开发，增加经济收入，加快脱贫致富。

二、围绕产业培育实施创业培训

2016—2017年，九江培训基地为上林县共举办了3期贫困村创业致富带头人培训班，共培训学员303人，实现全县65个贫困村每村培训3～5名致富带头人工作目标。

根据参训学员特点和贫困村产业开发需求，九江培训基地突出了以下培训内容：

1. **扶贫政策**　重点培训学习国家和地方政府扶贫开发相关政策，增强致富带头人的政策意识和扶贫"带贫"责任感。

2. **专业知识**　围绕上林县发展高值渔产业和其他特色种养业的项目需求，重点培训学习相关实用技术、经营管理、市场营销、电子商务等，掌握专业基础知识。

3. **实践体验** 安排学员到广东生生农业发展集团、广东汇通水产公司、九江达亿渔业公司、佛山市罗南村等进行实地考察，体验东部改革开放和创业致富氛围。

4. **创业计划设计与指导对接** 围绕产业项目和学员创业意愿，指导参训学员制定创业计划书，并根据学员创业计划或创业意愿，由培训基地举办产业项目对接会，组织相关龙头企业、扶贫创业导师与参训学员进行双向选择、意向签约，建立起创业孵化指导与产业开发合作关系。

三、在培育扶贫产业中推动创业孵化

为把高值渔产业项目扩散对接培育工作做实，由九江培训基地主任潘健章牵头，联合广东生生农业发展集团、广东汇通水产发展有限公司、香港台大水产集团公司、九江达亿渔业有限公司，在上林县合作投资成立了广西澳益农业发展有限公司。澳益公司作为高值渔产业项目扩散对接的市场主体，采取“公司＋合作社＋金融平台＋贫困户”运作模式，旨在后续实施“双培育”工程，带动上林县产业精准扶贫迈上新台阶。对此，上林县委、县政府制定了专项规划，提出在澳益公司龙头带动下，从2016年开始，用5年时间力争全县实现3万亩的高值鱼养殖规模，辐射带动贫困户6 700户以上，脱贫人口达2万人。

经过一年多的努力，位于大丰镇云温村大里庄的澳益先进水产养殖集约化养殖基地一期工程已经完工，基地流转土地面积1 200亩，放养澳洲淡水龙虾152万尾，目前已进入收获受益期。位于白圩镇赵坐村的澳益养殖基地已完成680亩的土地流转及贫困户签约入股。首批与澳益公司签约共同开发高值渔产业养殖的10个专业合作社，也已完成示范基地的选址或鱼塘开挖、改造等前期工作。

已建成投产的大里庄澳益先进水产养殖集约化养殖基地，一方面成为全县发展高值渔产业的先行先试示范基地，另一方面也成为贫困村致富带头人创业孵化实训基地。全县一拨又一拨有意愿发展高值渔产业的合作社领办人、贫困村致富带头人等，到大里庄基地眼见为实，考察学习，跟班体验，洽谈合作。高值渔产业项目的扩散对接与示范培育，为调动贫困村致富带头人的创业积极性，激发培训学员的创业潜能，发挥了良好的带动效应。

四、探索三种创业“带贫”机制

创业“带贫”是实施“双培育”工程的最关键一环。政府培育扶贫产业和培育致富带头人的根本目的之一，就是通过致富带头人创业来带领贫困人口参与产业开发，稳定增加收入，实现精准脱贫。在这一过程中，如何建立和建立何种创业“带贫”机制，显得格外重要。上林县在依托龙头企业、专业合作社和专业大户做大做强特色产业中，探索和健全了以下3种致富带头人创业“带贫”机制或运作模式：

（一）“公司＋合作社＋融资平台＋贫困户”股份合作扶贫模式

以澳益公司为龙头，以上林县振林农村投资发展有限公司（县国有公司）为融资平台，村级成立合作社，网络企业、能人、大户参加并带动贫困户参加合作社。该机制采取股份合作形式共同开发高值渔产业项目。其中，村级合作社占92%股份（含网络企业、能人、大户股份，以及融资平台振林农投公司受贫困户委托管理的贫困户项目建设资金股份，如扶贫小额信贷、产业发展奖补资金等），澳益公司以现金入股占8%股份。

（1）公司的责任与扶贫义务：公司对养殖项目所需土地与农户签订20年流转租用合同；公司负责统一提供管理技术团队、种苗、饲料，并负责养殖日常管理；公司统一按不低于98元/千克保底价收购合格养殖产品；公司保底项目合作开发年利润达到20%，不足20%由公司补偿（最高补偿投资额度8%）；公司在项目合作开发中的8%股份分红部分，捐赠给所属贫困村集体用于公益事业、公益岗位、公益慈善用途。

（2）贫困户以每户5万元3年期扶贫小额信贷以及政府扶贫到户产业奖补资金作为自有资金入股合作社；贫困户入股资金委托融资平台振林农投公司统一投入到项目开发中，振林农投公司作为贫困户的代理人对贫困户资金入股后的项目经营情况进行跟踪和监督管理。

（3）项目经营满3年后，对建档立卡贫困户扶贫小额信贷到期处理方法有3种：①贫困户通过自有资金还贷，继续保留在合作社所持股份；②通过政府协调将扶贫政策性贷款转为一般性农户小额贷款（可由合作社项目担保）；③由澳益公司回购贫困户股份还贷。

（4）村合作社在项目中所持92%股份的利润分红，根据各贫困户所占股份对贫困户进行收益分配。

（二）“公司＋贫困户”投资合作“带贫”模式

澳益公司与贫困户直接签订扶贫小额信贷资金投资合作经营协议。贷款期间，公司按每年不低于贷款本金的10%对贫困户进行保底分红。贷款到期后，如贫困户不愿再入股，由公司负责替贫困户还清扶贫小额信贷并回购合作投资股份。目前，澳益公司在大丰镇云温村大里庄和白圩镇赵坐村开发建设的澳益先进水产养殖集约化养殖基地，实行了这种投资合作“带贫”模式，已带动贫困户约200户。

(三)“公司+合作社（能人）+贫困户”产业化经营“带贫”模式

根据产业项目发展需要，在公司龙头企业提供技术指导、种苗、饲料和产品收购情况下，充分发挥专业合作社（能人）自主经营与示范带动作用，由合作社承接贫困户的小额信贷资金和产业奖补资金作为贫困户的投资本金，带动贫困户共同参与产业项目开发。合作社负责对贫困户投资本金一定比例（一般为8%左右）进行保底分红，并安排贫困户劳动力在项目基地务工或参与产业项目。贷款到期后，由合作社负责替贫困户还清扶贫小额信贷。如第一期参训学员苏达谋，培训返乡后牵头成立了“上林县达谋生态种养专业合作社”，流转821亩土地，养牛280头，种甜玉米400亩，养鱼60亩。苏达谋采取“合作社+贫困户”合作扶贫模式签约吸收本村71户建档立卡贫困户，扶持贫困人口285人。合作社与本村小额信贷贫困户实行“户贷投资、合作经营”合作机制，贫困户不用承担经营风险，在贷款期间内可从合作社每年获得贷款本金10%的保底分红，仅此一项，贫困户年纯收益2 000～5 000元不等。同时，合作社长期雇用了21个贫困户劳动力务工，每人每月收入2 000～3 000元，年收入达到2万～3万元，一举实现脱贫。

五、加大对“双培育”的政策支持力度

为支持产业培育和致富带头人创业扶贫，上林县委、县政府近两年下发了一系列专项文件，出台了一系列含金量高、操作性强的扶持政策。专项文件主要包括《上林县扶贫创业致富带头人培训工程实施方案》《上林县高值渔扶贫养殖项目实施方案（试行）》《上林县产业化扶贫奖补实施方案》《上林县扶贫产业项目规模化奖补实施方案》《上林县脱贫攻坚贫困户小额信贷实施方案》《上林县承担扶贫小额信贷资产收益扶贫实施方案》《上林县肉牛养殖产业项目奖补政策》《上林县财政扶贫资金到村到户实施细则（暂行）》等。扶持政策主要有：

(一) 对贫困户参与产业项目开发的财政奖补政策

对贫困户自行选择、自我发展的特色种养产业增收项目，在产业规模达标情况下，每户给予不超过5 000元的财政奖补扶持。种养产业增收项目及规模要求涉及32个种类。对采取龙头企业或专业合作社带动贫困户的方式，引导

贫困户用产业项目扶持资金和投工投劳方式入股分红，财政对贫困户给予不超过 5 000 元的奖补。对贫困户加入合作社自行养殖肉牛达到 3 头以上的，每户奖补 1 万元。财政奖补资金采取“以奖代补、先建后补”方式，项目验收后兑现落实。

（二）对致富带头人扶贫产业项目实行规模化财政奖补政策

对特色种植业规模 50 亩以上且带动贫困户 5 户以上的，按规模档次和“带贫”数量，分别给予 3 万～20 万元的财政奖补。对养牛、养猪、养羊、养禽等达到饲养量规定规模，且带动贫困户 5 户以上的，按规模档次和“带贫”数量，分别给予 3 万～20 万元的财政奖补。对水产养殖规模 20 亩以上且带动贫困户 5 户以上的，按规模档次和“带贫”数量，分别给予 2 万～15 万元的财政奖补。对乡村旅游业投资规模达到 100 万元以上，且带动贫困户 5 户以上的，按规模档次和“带贫”数量，分别给予 3 万～15 万元的财政奖补。上林县对致富带头人的扶贫带动，提出了具体的、可操作的评价指标和量化要求。规模化财政奖补资金来源于县财政整合资金。

（三）扶贫信贷支持政策

县政府建立了 1 600 万元的扶贫小额信贷风险基金。对于贫困户参与产业项目开发，经评级授信后给予 5 万元以下免抵押、免担保的扶贫小额信用贷款，3 年期内按基准利率给予财政全额贴息。对于符合条件的扶贫龙头企业和农民专业合作社，根据实际贷款规模按每年每家企业最高贷款额度不超过 1 000万元、合作社最高贷款额度不超过 100 万元，给予连续不超过 3 年不高于同期基准利率的财政全额贴息。

（四）对高值渔产业培育项目的专项扶持政策

县里成立了高值渔产业扶贫办公室，配备了 6 名专职工作人员，加大对产业开发的统筹、协调、指导和督查工作力度。县政府对澳益公司实施的澳益先进水产养殖集约化养殖基地扶贫项目，安排专项扶持资金 2 000 万元，专门用于支持基地的基础设施和配套设施建设。政府对参与高值渔产业项目的单位和个人，出台了新开挖鱼塘每亩补助 3 000 元、改造鱼塘每亩补助 2 000 元的扶持政策。

（五）政策性养殖保险扶持

对贫困户参与合作社发展肉牛养殖的，按每头 8 000 元保额、保费率 6% 投保，其保费每头 480 元，由县政府承担 80%（384 元），贫困户承担 20%

（96 元）。每户投保扶持限额 3 头。对贫困户参与合作社发展高值渔产业的，根据每亩标准养殖鱼虾数量给予政策性养殖保险扶持，保费由县政府与贫困户按 8∶2 比例分担。

六、“双培育”工程实施效果

（一）推动了贫困村创业致富带头人培训工程的模式升级

如何实施好东西协作贫困村创业致富带头人培训？福建省南安市蓉中村率先探索和提出了“1＋11”培养模式（即 1 个月的集中培训，11 个月的创业孵化指导），这一模式在全国产生了较大影响。粤桂两省（自治区）在实践“1＋11”模式基础上，根据粤桂结对帮扶实际和“南海-上林”产业合作互补优势，创造性地将贫困村创业致富带头人培育与产业扩散对接培育有机结合起来，提出了“致富带头人培育跟着产业培育走”的“双培育”工作思路，避免了能人培训与产业开发“两张皮”现象，使创业致富带头人培训培育更具有针对性、实效性。“双培育”东西协作，不仅培育了扶贫能人，而且培育了扶贫产业，促进了产业扶贫做实做细做精准。

（二）培养了一批贫困村创业致富带头人

2016—2017 年，上林县通过粤桂协作形式共培训贫困村致富带头人 303 人，其中有 180 名学员已成立或组建公司、专业合作社、家庭农场等新型农业经营主体 173 个，涌现出了像苏达谋、冯应红、周立明等一批创业成功、“带贫”有效的优秀学员。这批创业学员现已成为上林县发展特色产业的中坚力量，成为贫困村名副其实的创业致富带头人。他们通过基地用工、技术指导、提供种苗、农产品回购、入股分红、资产收益等形式，带动建档立卡贫困户参与产业项目，实现增收脱贫。

（三）带动贫困人口通过参与产业发展精准脱贫

全县致富带头人通过完善多种“带贫”机制，带动 6 100 户贫困户参与特色产业项目，约占全县贫困户总数的 30％。2016 年在致富带头人带动下，有 2 469 户贫困户通过发展产业实现脱贫，占当年全县脱贫户总数的 56.4％；2017 年，有 2 618 户贫困户通过发展产业脱贫，占该年全县脱贫户总数的 59.5％。上林县探索了财政性资金资产收益、资源开发、土地股份合作等多种集体经济模式，在致富带头人扶贫项目带动下，使贫困村集体经济从无到有、由小变大。2017 年，收益达 2 万元以上贫困村有 51 个，其中 18 个村实现年收入 5 万元以上。预计 2018 年所有贫困村收入可达到 5 万元以上。创业致富带头人培育工程在全县打赢脱贫攻坚战中发挥了不可替代的“助推器”作用。

（四）带动了外出人员纷纷返乡回归创业

随着政府脱贫攻坚创业致富的系列优惠政策陆续出台落地，以及“壮族老家，养生上林”的品牌日益唱响，加上这批贫困村致富带头人创业成功的示范效应，上林县外出人员回归投资兴业热潮正在兴起。据不完全统计，全县常年外出务工人员达9万多人，每年资金流入不低于20亿元。他们有文化、有志向、有资金、懂技术、懂管理，是推动上林县万众创新、大众创业的潜在有生力量。上林县提出要顺势而为，将他们当中有扶贫热情和意愿人员，纳入农村创业致富带头人范围，加强重点培育和支持，为上林县脱贫攻坚和经济持续发展注入新动力。到2017年，已在本县城乡成功创业的本土人才达640多人。

（五）促进了农村基层党组织建设

通过实施基层党组织带头人与创业致富能人互促互转，将优秀创业致富带头人培养成党员、推荐选拔为村“两委”干部，将村“两委”干部培养成创业致富带头人。在2017年村民委员会换届工作中，有32名党员致富带头人被选拔为村“两委”干部，其中有6名优秀创业致富带头人担任贫困村党支部书记。一大批致富带头人扎根农村创业，带领群众脱贫致富，为巩固脱贫攻坚成果、实施乡村振兴战略，留下一支“不走的工作队”。

七、实施“两培两带两促”提升行动

尽管粤桂两省（自治区）贫困村创业致富带头人培育工程东西协作试点工作取得明显成效，但存在试点工作碎片化、致富带头人创业融资难、制度化建设滞后，以及贫困人口参与产业开发内生动力不足等问题。为进一步完善工作机制，提升试点成效，更好发挥致富带头人的“带贫”作用，在国务院扶贫办、全国扶贫宣传教育中心、粤桂扶贫办和南宁市委市政府的指导下，在华中科技大学（中国·南方）减贫与发展研究院专家的策划设计、专业咨询和服务指导下，上林县委、县政府出台了《上林县粤桂两省（自治区）贫困村创业致富带头人培育工程试点提升行动方案》，现正在组织实施。

方案确定的工作目标和提升行动重点是：探索东西协作培育新机制，深入实施“两培两带两促”（即培育创业致富带头人，培育扶贫特色产业；带动贫困户增收脱贫，带动贫困村提升发展；促进本土人才回归创业，促进贫困村基层党建）六大提升行动；构建完善“1＋N”（即1个县创业孵化服务中心、N个产业创业孵化实训基地）创业培育体系和扶贫产业体系；健全三项机制（创业致富带头人管理机制、扶贫创业导师管理机制、培育工程推进绩效考核评估机制）；推进贫困村“自立发展扶贫协会”、贫困户收益积累“自立发展账户”两项“带贫”机制创新；搭建体现粤桂对接、互利双赢的扶贫产业培育发展商会平台；充分发挥致富带头人在实施贫困村提升工程中的“带贫”作用和经济引领人作用，以确保全面完成上林县“十三五”脱贫攻坚目标任务。目前，上林县的“两培两带两促”试点提升行动正在紧锣密鼓、有条不紊地推进实施。

【点评】本案例介绍的是一种县对县东西协作致富带头人培育方式。在国务院扶贫办的推动下，粤桂扶贫部门协调佛山市南海区同南宁市上林县结对子，由南海区九江培训基地承办，以东部地区高值渔产业向西部地区扩散对接为载体，有针对性地帮助上林县培训培育贫困村创业致富带头人。通过合作实施“双培育”工程——“产业培育＋致富带头人培育”试点，带动建档立卡贫困户和贫困村参与特色产业开发，增加经济收入，加快脱贫致富。这种“双培育”方式是福建蓉中培训基地“1＋11”培育模式的升级版。

但他们并没有满足已取得的成绩，2017 年 6 月，上林县制定并实施《粤桂两省（自治区）贫困村创业致富带头人培育工程试点提升行动方案》，以进一步增强试点工作的系统性，健全扶贫创业服务体系，完善产业扶贫“带贫”机制，激发贫困人口参与产业项目、实现自立脱贫的内生动力，更好地发挥好创业致富带头人的带动作用。在县一级如何抓好贫困村创业致富带头人培育工程，本案例提供了一种具有较强代表性和典型性的“上林模式”，值得各地尤其是东西扶贫协作地区学习借鉴。

调研组：刘晓山　刘少锋　周加龙
高雪涛　谭诗斌　李　佳
执　笔：谭诗斌　李　佳
点　评：洪绍华

思考题

1. 如何深入开展县对县贫困村创业致富带头人培育工程东西扶贫协作？在哪些环节实现县对县协作？从本案例中我们可获得哪些启示？

2. 在东西扶贫协作中，如何处理好东部产业对接转移与本地特色产业开发的关系，如何借东西扶贫协作机会，实现西部地区特色农产品“借船出海”，进入国内国际市场，解决农产品卖难问题？

案例3　抓党建　兴产业　促脱贫

——宁夏回族自治区固原市农村“两个带头人”培育工程

华中科技大学（中国·南方）减贫与发展研究院案例编写组

【导读】农村“两个带头人”培育工程，由宁夏回族自治区固原市提出。该工程的基本要义是：以抓基层党建、促脱贫攻坚为目的，以贫困村（行政村）为基本单元，以发展壮大特色产业为载体，着力培育农村基层党组织带头人和致富带头人，以及从这“两个带头人”中培育优秀的“二合一带头人”。“两个带头人”在贫困地区农村发挥了经济引领与政治引领的双重作用，激发了农村干部群众和贫困人口的内生动力，促进基层党建与攻坚脱贫互促共融。本案例介绍了固原市“两个带头人”工程的提出背景、基本内涵、选用与培育、作用与效果。

一、背景与概况

（一）固原市概况

宁夏回族自治区固原市，地处我国西北“三西地区”中的西海固地区，是全国11个集中连片特困地区之一“六盘山连片特困地区”的核心区。这里曾被联合国教科文组织称为最不适宜人类生存的地区之一，历史上就是“苦瘠甲天下”的至贫至苦之地。1982年12月国家成立“三西地区农业建设领导小组”，拉开了我国有组织、有计划、大规模实施扶贫开发的序幕，固原市成为我国扶贫开发源头地区之一。

固原市所辖的4县1区均属于国家级贫困县，是宁夏唯一的全域贫困市。2015年年末，固原市总人口149.77万人，其中农业人口111.43万人，地区生产总值217亿元，农民人均可支配收入7 002元。全市有建档立卡贫困村435个，建档立卡贫困户7万户26.7万人。

固原市各级党委、政府致力于推进扶贫开发，先后经历了“三西建设”扶贫、“八七”扶贫攻坚、新世纪整村推进、连片特困地区扶贫等阶段，贫困发生率由1982年的74%下降至2015年的23.4%，扶贫方式也从最初的到片、到县，转向如今的到村、到户。

2015年，党中央发出了打赢脱贫攻坚战的动员令。固原市“县摘帽、村出列、户脱贫”的焦点指向了村一级，全市到2020年实现“全面小康、不落一人”目标的压力也在村一级，五级书记抓扶贫最终也要落实到村一级。贫困村作为扶贫开发的最前沿、第一线，能否打赢这场脱贫攻坚战，在很大程度上取决于村级党组织的凝聚力和战斗力，取决于村级党组织带头人和致富带头人这“两个带头人”。

（二）“两个带头人”工程的提出

脱贫攻坚战在宁夏全面打响后，固原市委、市政府高度重视，确定了“2020年实现贫困人口全部脱贫、贫困村全部销号、贫困县全部摘帽”的目标。在研究如何实现这一目标时，班子成员的意见聚焦到以下4点：①从扶贫开发的历史经验教训看，过去扶贫的“大水漫灌”除了部分县平均用力外，绝大部分的扶贫资金和资源在村级分散了，实行“精准滴灌”关键在村。②从分析固原农村现状看，当下农村青壮年打工出走，不少土地撂荒、资源闲置，“乡村少活力、村民缺动力”，这是脱贫攻坚首先要抓的“唤醒”点。村级不活，贫困难脱。③从分析贫困村的致贫症结看，一些村级党组织“支书穷、支委老、缺能力、无担当”，班子软弱涣散。农村基层党组织如再不强基固本，配强党组织带头人，很难带领群众完成脱贫攻坚的艰巨任务。④从精准扶贫“五个一批”的“产业扶持脱贫一批”看，面对集体经济“空壳”的贫困村和增收乏力的贫困户，要做实产业脱贫，当前最紧缺的是培育一批致富带头人或经济能人。为此，市委、市政府决定在全市实施农村“两个带头人”（党组织带头人、致富带头人）培育工程，明确由市委组织部牵头组织调研，提出具体实施方案。

（三）“两个带头人”工程的启动与实施

2015年9月，固原市农村“两个带头人”工程正式启动，即培养一支既能抓党建又能促发展的农村党组织带头人队伍，培育一支数量充足、带动能力强的农村致富带头人队伍。两支队伍共同拉起一条产业链，带领党员群众抱团发展，规模经营，实现抓党建、立产业、带脱贫的目标。

固原市通过推进“两个带头人”工程，贫困人口有能人大户带，能参与产业项目，学技能、得实惠、增收入。现场问卷调查显示，87.5%的干群对“两个带头人”的“带贫”作用给予肯定。同时，“两个带头人”工程通过产业链的黏附，将能人和村民组织起来、结合起来，重塑村级动员，重构村庄自治，强村富民作用逐步显现。

专栏1 红星村——“家乡要脱贫，我能做些啥”

隆德县好水乡红星村，是固原市委组织部的扶贫联系村。全村5个村民小组，305户1 161人，其中建档立卡贫困户97户398人。2014年被确定为贫困村；2016年该村依靠苗木、劳务和马铃薯三大产业，实现人均可支配收入6 080元。

2015年9月，市委组织部选派教育科科长雷宁驻村担任“第一书记”。雷宁调查发现，该村经过近两年扶贫，尽管硬件条件改善了，但产业结构单一，合作社规模偏小，集体经济薄弱，部分村民存在“等、靠、要、懒”的思想，村“两委”作用发挥不够，致富带头人数量不足、带动能力不强，影响和制约了村级经济发展。

接着，村“两委”和雷宁在认真调研和外出观摩学习的基础上，确定利用撂荒闲置土地，发展草畜产业。但在落实过程中，当初同意领办专业合作社的几名村干部因为畏难思想和资金等原因都“打退堂鼓”了。原本同意投资草畜产业的固原金惠草业公司也放弃了投资的意愿。一时间，红星村发展草畜产业陷入了困境。

看来要上产业，“人”是关键因素！如何找到领头的人？在入户走访中，雷宁了解到，隆德县财政局干部张立宏是土生土长的红星村人。他思路开阔，熟悉农业农村政策，熟悉本村情况，有为家乡发展出力的愿望和心结。于是，雷宁主动上门与张立宏深入交谈。但真要回村，张立宏考虑到自己的公务员身份和机关单位，下不了决心。后来，经过反复做工作，消除了张立宏的思想顾虑，他心甘情愿发挥自身优势，回村挑起带领乡亲们脱贫致富的“大梁”。

张立宏回村后，首先建了微信群并在群里开展了“家乡要脱贫，我能做些啥”的讨论，没想到乡亲们一呼百应，积极建言献策。就这样，2016年8月，由张立宏领衔的隆德县白疕源养殖专业合作社应运而生。有了张立宏带头，本村在外务工人员和村里的贫困户有了信心，他们通过资金、土地、基础母牛入股的方式，纷纷加入合作社。资金入股每股3万元，在外务工的村民赵旭东当即就认购了3股。贫困户由合作社出资购买基础母牛分配给他们，每年生了牛犊扣除饲料钱，剩余的都是贫困户自己的，以此带动他们脱贫。

截至2017年3月，白㐰源养殖专业合作社投入资金75.7万元，修建完成标准化牛棚2 000米²、猪舍400米²、鸡舍800米²，共有43户村民土地入股1 456亩，18户村民资金入股54万元。随着合作社的发展壮大，计划将全村所有农户纳入其中，组建红星村现代农业社，采取“支部+合作社+农户”模式，与天山牧业等龙头企业建立合作伙伴关系，延长产业链，让本村外出务工的人都能回到家乡创业，带动村民和贫困户脱贫致富。

二、“两个带头人”工程的基本内涵

农村“两个带头人”工程的基本内涵由4个关键要素构成：

（一）人——党组织带头人、致富带头人、“二合一”带头人

党组织带头人是农村基层政治的先进分子；致富带头人是农村经济发展的引领能人；“二合一”带头人是农村基层具有党组织带头人和致富带头人“双重角色”的先进代表。三者区分：

1. **党组织带头人**　由村党支书记、驻村“第一书记”、村级后备干部、大学生村官构成。截至2016年年底，全市821个行政村党支部书记按照党组织带头人的标准，在支部换届中全部调整配备到位，其中贫困村党支部书记624名；先后两轮选派驻村“第一书记”1 374名；从致富带头人、返乡青年中择优选拔村级后备干部1 795名；选拔表现优秀、群众公认的大学生村官担任村党支部书记25名。

2. **致富带头人**　主要由龙头企业、专业合作社负责人、家庭农场主、种养大户业主、外出务工经商返乡创业的成功人士、机关事业单位离职创办乡村龙头企业人员、复员退伍军人以及“田秀才”“土专家”等各类农村实用人才、致富能人组成。截至2016年年底，全市进入致富带头人信息库和台账管理共3 506人，占全市农业人口的0.3%。

3. **“二合一”带头人**　即把党组织带头人培养成致富带头人，把致富带头人培养成党组织带头人，努力使村党支部成为“带头富、带领富”的“双带型”基层党组织。2016年，共有1 260名致富带头人在村“两委”换届时进入村“两委”班子，占35.9%，其中担任村党支部书记424名，占村党支部书记总数的52.6%，担任村民委员会主任217名，占村民委员会主任总数的27.6%。共有771名党组织带头人成为经济能人即致富带头人，其中党员141名，入党积极分子133名，村级后备干部497名。

（二）带——大带小、强带弱、富带贫

根据产业类型、规模大小、带动能力、年度收入等指标，把3 506名致富带头人分成A、B、C三种类别：A类，指“带”的能力强，带动群众30户以上，家庭年收入50万元以上的带头人（收入不到50万元但带动30户以上也算作A类），全市共有440人，占12.5%。B类，指“带”的能力较强，带动群众10～29户，家庭年收入15万元以上（收入不到15万元但带动10户以上也算作B类），全市共有1 129人，占32.2%。C类，指有一定“带”的能力，带动群众3～9户，家庭年收入10万元以上（收入在5万～10万元带动3户以上也算作C类），全市共有1 937名，占55.3%。固原市建立了致富带头人梯次发展计划，促进C类争B类、B类争A类、A类争龙头。“两个带头人”工程实施以来，全市已带动5.28万户14.9万人脱贫致富。

（三）建——支部建在产业链上

依据各地资源禀赋和市场行情，选准致富产业，拉起、做长不同类型的产业链，并树立了“支部建在产业链上”的理念。通过抓党建、促扶贫，使农村基层的政治力量、经济力量、群众力量在产业链上运行和融合，使农民的观念转换、就业参与、经营利益等在产业链上得以实现，使贫困人口的脱贫目标、政策享受等在产业链上完成。2016年，固原市在总结西吉、彭阳等县产业带动形式的基础上，总结提炼成“支部建在产业链”上的“六带模式”，专门发文向全市推广：①龙头企业带。采取“公司＋基地＋农户”的方式，由龙头企业带动贫困群众脱贫致富。②专业组织带。采取“合作社/产业协会＋农户”的方式，由专业合作社、产业协会带动贫困群众脱贫致富。③致富能人带。采取“1＋X”的方式，引导致富带头人通过一对多形式，与贫困群众建立结对帮扶。④技术指导带。采取“技术＋”的方式，由致富带头人提供技术支撑，帮助贫困群众脱贫致富。⑤托管分红带。采取“托管＋分红”的方式，由致富带头人盘活资金，贫困群众以入股的方式进行分红，增加收入。⑥劳务创收带。由致富带头人牵头组建务工队，以“外出务工＋本地就业”方式带领有劳动能力、无土地和无务工渠道的贫困户创业就业。截至2016年年底，全市“两个带头人”共领办国家级农业产业化龙头企业1家、自治区级龙头企业48家；建立合作社859个，其中国家级示范合作社39家、自治区级示范合作社89家；创建家庭农场98家，其中二星级以上105家。通过产业的引领，基层党建与扶贫攻坚做到了“同频共振、深度融合”。

（四）基层党组织构架

以产业链的推进、延伸为载体的村级党建，其组织形式也随之拓展，目前

主要有 3 种模式：

1. **成立产业党支部** 按照“支部引路、产业铺路、能人带路”的思路，探索“支部建在产业链上、品牌创在产业链上、党员聚在产业链上、群体富在产业链上”的党建模式，把党的组织优势融入到产业优势中，实现党组织建设与产业发展的互动双赢。

2. **成立联合党总支** 在一些产业发展比较集中的区域，推行“党组织跨村建、产业跨村育、能人跨村带”的模式，建立“总支＋支部＋党小组”的党建关系，放大“带”的效应。如彭阳县草庙乡坚持“强村带弱村、大村带小村、中心村带周边村”，依托条件、地域较好的新洼、赵洼、张街 3 村，成立片区联合党总支，建立“总支商定议事，支部互联互帮”制度，通过“总支＋公司＋合作社＋农户”模式，辐射带动周边 213 户贫困户脱贫致富。

3. **成立“功能党小组”** 在村党支部下成立若干“功能党小组”，实施“两个带头人＋”帮扶行动。如隆德县杨河乡共有党支部 9 个，党员 296 名（其中带头致富党员 141 名），“功能党小组”34 个。乡党委将全乡党员分布到各个不同的“功能党小组”，围绕草畜产业、种养合作社、劳务中介等各个产业链条，成立结对帮扶互助组，党员帮带示范岗，采取“两个带头人”＋贫困户模式，带动 149 户贫困户脱贫致富。隆德县在全县开展了“1＋2＋X”的“接力”帮带模式，即 1 名致富带头人帮带 1 户贫困户脱贫致富后，变成 2 名致富带头人；2 名致富带头人再分别帮带 2 户贫困户脱贫致富。依此类推，最终促使贫困户全部脱贫致富。群众将此模式称为“先富带后富，实现共同富”。

三、“两个带头人”的选用与培育

选人、育人是实施“两个带头人”工程的关键环节，固原市主要抓了以下 3 点：

（一）人才选用

1. **围绕“双带”（带头富、带领富）选好党组织带头人** 结合农村“两委”班子换届，从基层党建突出问题入手，既看政治素养、能力素质、年龄学历等共性指标，又结合产业、扶贫、带动作用等个性指标，下决心向农村基层党组织注入新鲜血液，坚决将那些长期处于“年龄大、文化低、能力弱、思想保守”的“爷爷型”“软懒型”党组织全部调整到位。“两个带头人”工程实施后至 2016 年年底，全市共调整村党支部书记 309 名，其中，免去不称职的村党支部书记 64 名，新任村党支部书记 245 名。对仍有一些缺党支部书记人选的村，通过“第一书记”驻村、机关干部下派、跨村兼任的方式解决，实现了调整软弱涣散村的全覆盖。调整后的农村基层党组织，年轻、懂经营、高中以上文化程度的成员大幅度增加，待遇也随之提高，2016 年村干部年平均报酬达到 1.7 万元，高的达到 2.5 万元。同时，实行驻村“第一书记”与派出单位定点帮扶责任捆绑，建立实绩台账，先后调整作用发挥不好的“第一书记”231 人，使驻村帮扶的党组织带头人的能力明显增强。

2. 围绕产业选好致富带头人 重点选择那些有经济实力、有带动能力、思想政治素质好、服务意识强、有较好人缘关系、有反哺家乡情结的人员。2015 年 9 月，固原市委组织部在隆德县好水乡红星村的扶贫联系点上首先取得经验后，经过深化提炼，于 2017 年 3 月向各县区专门印发了《关于开展“家乡要脱贫、我能做些啥”助推脱贫攻坚实施方案》的通知，部署对全市合作社、家庭农场以及有一定产业形态的能人进行摸底，实施“乡里精英”回归行动，人才“回归六盘”工程，举办返乡成功人士座谈会，开展招商引资活动等，通过互联互找等办法，大力引进召回在外创业成功人士、专业技术人员、打工返乡能人、机关企事业单位干部职工等，鼓励他们回乡创业、担任“两个带头人”。同时，下发《关于落实“三个深化”进一步推进农村“两个带头人”工程的通知》，要求在扩量、提质上下功夫。针对“扩量”，要求进一步广招贤能，2017 年的致富带头人力争由 2016 年的 3 506 名扩大到 6 000 名；针对“提质”，实行“先给舞台、后予认定”，对在“岗”、在“干”的致富带头人，建立信息库和台账，按照产业形态、规模大小、带动人数等指标进行分类，实行动态管理，使进入信息库的致富带头人是“干”出来的，而不是“建”（统计）出来的。

（二）培育路径

1. 重培训

（1）全市组织 3 430 名涉农企业、合作社、家庭农场负责人，到吴忠市利通区、盐池县和陕西省户县以及固原市内，观摩学习农业产业化经验；开展“百名农业专家进农户”活动，对全市 244 家企业、园区、合作社、种养大户进行“点对点”服务；选派 678 名科技特派员，与农业科技示范区、农民专业合作社、种养大户“结对子”、传帮带，推进技术力量向“两个带头人”一线倾斜。

（2）由市委组织部牵头，对换届后的党组织带头人进行集中轮训。在市委党校举办脱贫攻坚专题培训班，对 200 名村党支部书记和 238 名驻村“第一书记”集中培训；将全市所有“第一书记”覆盖区域分成 119 个片区，每个片区确定一名负责人，定期组织交流。

（3）举办农村“两个带头人”巡回讲堂、田间课堂。选派合作社、家庭农场等拔尖致富带头人和 393 名“土专家”“田秀才”服务团，分类别、分产业进村、进片区，到田间地头、到某个产业链上，现场现身说法、以事讲技，共宣讲723场次，受益群众3.5万人。通过系列培训，收到了“支书讲给支书听，你行我也行”“农民做给农民看，你干我也干”的良好效果。

2. 给荣誉 注重培养“两个带头人”的政治荣誉感，支持村党组织带头人参与公务员招录考试，先后从村干部中招录公务员22人。在推选县乡党代表、人大代表、政协委员时，注重向优秀的“两个带头人”倾斜，全市从“两个带头人”中推选各级“两代表一委员”1 431人，其中党组织带头人786人，致富带头人645人。结合庆祝建党95周年，全市共表彰“两个带头人”366人，其中受中央表彰的村党支部书记1人，自治区、市、县表彰的党组织带头人169人、致富带头人196人。推荐“两个带头人”中的优秀村党支部书记在《宁夏日报》《共产党人》等杂志“点赞百名好支书专栏”进行宣传，在全社会形成学有榜样、带有目标的浓厚氛围。

3. 开启提升通道 在“两个带头人”中，注意将致富带头人发展为党员，培养成村干部。村“两个带头人”中表现优秀、实绩突出的，提升为乡镇领导。2016年全市乡镇领导班子换届，“两个带头人”中有4名优秀村党支部书记当选为副乡（镇）长，并继续兼任所在村的党支部书记。将党组织带头人中的大学生村官，优先向贫困村配备，对表现优秀、群众公认的选拔进入村“两委”班子。建立村级后备干部梯次培养机制，注重从35周岁以下、高中以上学历的致富能手、非公经济组织负责人、专业合作社负责人、农村实用人才、外出务工返乡人员中，培养村级后备干部。

（三）支持条件

1. 项目支持 全面落实中央“大众创业、万众创新”的各项政策，鼓励支持“两个带头人”领办、创办、合办农业产业化企业、种养基地、农业科技园区，各级党委、政府在政策、资金、项目、土地等方面给予大力支持。为给“两个带头人”实施产业带动奠定基础，固原市委提出了“交通、水利、教育、生态、城镇化、信息化”6个基础工程，制定“1＋21＋*X*”规划体系。“1”即脱贫攻坚总规划，“21”即水、电、路、房、文、教、卫等21个专项脱贫计划，“*X*”即每个脱贫销号村的村级规划。2016年，全市向150个脱贫销号村整合投入各类资金24亿元，村平均1 600万元，为“两个带头人”实施产业项目提供了有力支撑。2017年，市委又以实施“两个带头人”工程为牵引，紧盯全市200个贫困村出列和9.6万贫困人口脱贫的目标，以高于上年的资金项目投入，实施“组织推动、企业拉动、能人带动”的“一推一拉一带”模式，因村因户制订实施方案，签订合同，逐条逐项抓好落实，使“两个带头人”在脱贫攻坚中有平台，显身手，发挥关键性作用。原州区为了吸引优秀人才回乡创业，区政府与阿里巴巴集团签订合作协议，成立农村淘宝营运中心，一年内建100个村级服务站，招募回乡创业青年用好淘宝平台，以“网货下乡”和“村货进城”为项目，带动村民脱贫致富。

2. 金融支持 为破解致富带头人发展产业融资难题，2016年9月，固原市委、市政府印发了《固原市扶贫产业担保基金使用方案的通知》，建立农村致富带头人担保贷款基金，按照1∶10的放大比例，为致富带头人发放贷款。首期基金规模5亿元（其中，自治区4.5亿元、固原市配套0.5亿元），撬动银行放大发放信贷资金50亿元，重点支持“两个带头人”中的种养大户、家庭农场、农民专业合作社等经营主体，范围包括涉农加工、储存、收购、农家乐、乡村旅游等产业。同时降低贷款利率，提高授信额度，“两个带头人”贷款执行中国人民银行同期基准利率，建档立卡贫困户贷款额度由原来5万元提高到10万元，“两个带头人”贷款额度提高到100万元，家庭农场、农民合作社贷款额度提高到500万元，从而有效解决了致富带头人自我发展无项目、融资难的问题。

3. 人才支持 2017年3月，中共固原市委办公室印发《关于鼓励机关事业单位工作人员担任农村“两个带头人”带领群众脱贫致富的实施办法》，出台了“四不变一连续”激励政策：“离岗后身份不变，编制不变，人事关系不变，福利待遇不变，原单位工作年限连续计算”，鼓励机关事业单位工作人员，包括驻村“第一书记”、扶贫工作队员、科技特派员等，到农村和脱贫攻坚一线担任“两个带头人”，允许他们在担任“两个带头人”期间，以领办、创办、合办经济实体，达到带动10户以上建档立卡贫困户增收脱贫、户均年收入3万元以上的，个人可获得实体经营收益、技术成果转让收益、技术服务收益、企业管理收益，带动成效突出的另行给予奖励，并在职称评定、职务晋升方面给予优先考虑。解除了机关干部下农村的后顾之忧，更深一层地探索打破了“社会阶层固化、长期身份限制”的藩篱，开启了“纵向流动”的通道，激发了干事创业的活力。

4. 党委、政府高度重视 固原市委、市政府把实施“两个带头人”工程作为脱贫攻坚的一号工程，全面部署，扎实推进。市级主要领导分别包抓一个县（区）、联系一个乡镇、指导一个村，市直部门（单位）主要负责人每人包抓一个村。各县（区）成立“两个带头人”工程专项工作小组，统筹协调相关事宜。逐级建立“抓党建促脱贫”成绩、问题、任务、责任清单，签订“两个带头人”工程实施责任书，制定“可量化、可落地、好检验”的考核办法，舞好考评“指挥棒”。实行市级层面抓统筹示范，县乡层面抓深化落实的工作机制。2015年市级层面确定100个示范村，2016年在全市所有行政村全部实施“两个带头人”的基础上，市级层面又确定11个示范乡镇、70个示范村。彭阳县结合全县特色产业布局，按照南、北、中片选树6个示范乡镇、52个示范村和一批示范户，开展乡、村、户“三级联创”，鼓励先行先试，探索经验，完善机制，推动“两个带头人”工程在农村一线落地。

四、"两个带头人"工程实施效果

经过近两年的实践，固原市农村"两个带头人"工程焕发出极大的生机与活力，在加强农村基层党组织建设、调动群众内生动力、推进脱贫攻坚中发挥了积极作用，取得了明显成效。

（一）增添了农村脱贫攻坚与长效发展新动能

长期以来，贫困地区农村发展慢、群众不能持续增收的一个重要原因，就是没有一个有效的载体，把党和国家的各项政策、群众的愿望和力量、市场的把握和运用等有效地衔接起来。农村"两个带头人"工程实施，建起了一个调动各方力量的连接点、契合点，撬动了各级领导干部、各类人才、基层骨干和党员群众聚焦农村基层的积极性，促进了各种力量、各类资源向建档立卡贫困村倾斜。在这一过程中，党组织带头人把握方向谋发展，统筹衔接抓组织；致富带头人领办农业龙头企业或合作社抓经营；群众自觉自愿跟着"两个带头人"走组织化、规模化、市场化的路子。"两个带头人"工程把党在基层的政治力量、村民群众力量和能人市场主体力量融合在一起，体现了基层党建工作的规律性和当下农村新的需求性，解决了党群之间、党建与扶贫之间相互脱节的难题，形成了"1+1>2"聚合效应，为贫困地区农村脱贫攻坚和长效发展注入了新动力、提供了新动能。

专栏2 "二合一"带头人姚选与"三跨村模式"

固原市原州区彭堡镇姚磨村，原是一个"娶不了媳妇"的穷村。该村由长期在基层摸爬滚打担任合作社负责人的姚选担任党支部书记，成为集党组织带头人和致富带头人于一身的"二合一"带头人。由他带头发起成立的蔬菜合作社，2016年已建成3.5万亩冷凉蔬菜基地，年创收1 400多万元。随着产业规模的拓展，姚选依据产业基础和当地资源，统一规划，集中推行党建、产业"三跨村模式"：①"组织跨村建"。该村与周边3个村1个合作社成立联合党总支，以"党总支+合作社+基地+农户"，带动群众发展蔬菜产业。②"能人跨村带"。在4个村培育致富带头人18名，建成特色实训基地100亩，成立"农民田间学校"，组织现场培训。③"产业跨村育"。分别建成3个万亩冷凉蔬菜基地，跨村带动周边10个村组种蔬菜，解决3 000多名农村富余劳动力就业，户均增收5 000元以上。

2016年，姚磨村农民人均可支配收入达到12 000元，高出原州区平均水平3 930元。联合党总支开发建设集观光、休闲、娱乐、体验为一体的观光休闲农业园，发展乡村生态旅游产业，带动周边村群众加入合作社，进一步拉长了产业链，推动了片区攻坚脱贫和共同发展。如今，姚磨村1 300多人，加上周边村的几千人，在“两个带头人”的引领下，形成了具有群众力量的产业大军；建在产业链上的党组织，具有“一呼百应”的核心领导力量。“相信群众相信党”，群众从“两个带头人”的成效中得实惠，拥护党，跟党走。

（二）激发了基层骨干和广大群众脱贫致富的内生动力

集中连片的特困地区之所以长期深陷贫困，发展不起来，一方面是找不到一个致富的好产业，另一方面是群众思想不够解放，怕失误，缺“指路明灯”，缺“身边看得见、学得来的成功榜样”。农村“两个带头人”工程的实施，使村党组织带头人的桥梁纽带作用得到充分发挥，他们做好各项支农扶贫政策的衔接落地，实行一户一策为贫困户量身定制脱贫计划，联系发展项目，解决各方困难；致富带头人则以产业为载体，做给群众看，带着群众干，给群众提供技术、资金、信息、市场等方面的帮助，通过扶贫款、土地、劳动力入股等方式，与群众结成了利益共同体。这种“两个带头人”的帮带方式，使曾受“项目伤民”的贫困群众耳目一新，也在很大程度上打消了“怕风险、怕亏钱”的顾虑，激发了他们自立脱贫的内生动力。贫困群众纷纷从“等靠要”观念和“不敢出手”担忧中走出来，跟着能人干，做好产业事，形成了竞相发展、争先脱贫的好局面。

专栏3 产业联合党支部激发群众内生动力实现脱贫销号

杨岭村是固原市六盘山腹地泾源县的一个建档立卡贫困村，山大沟深，产业落后。在实施“两个带头人”工程中，村党支部与合作社携手成立“产业联合党支部”，发展优质牧草种植、饲料加工配送、高品质肉牛繁育项目。联合支部建在产业链上，支部主要成员是村干部和致富带头人，他们一头对接农户，一头对接企业，运用政府补贴和银行贷款，跨村吸纳5个行政村213户建档立卡贫困户加入合作社。贫困户养一头安格斯牛只需出3 000元，育肥一头价值1.6万元，较好解决了贫困村群众“不敢养、不会养”的问题。杨岭村有87户建档立卡的贫困户通过养牛、劳务，兜底脱贫。

2016年7月18日，习近平总书记冒雨到这里实地考察，他指出："好日子是通过辛勤劳动得到的，发展产业是实现脱贫的根本之策。"目前，该村已投资700余万元，新修文化广场，建垃圾处理点，硬化村内道路6千米，安装太阳能路灯，建起3万吨饲料配送中心、28栋养殖暖棚，购进母牛88头，育肥26头。在产业联合党支部的带领下，杨岭村已成为全县26个脱贫销号村之一，家家走上了脱贫致富的道路。

（三）推动了攻坚脱贫与基层党建互促共融

将抓农村致富带头人纳入抓党建范畴，对接贫困村产业发展项目，以培育更多致富带头人创新创业、打造产业链，让贫困户依附在产业链上就业脱贫，这既符合中央关于"产业扶持脱贫一批"精神，又有效解决了以往基层党建与扶贫开发"两张皮"问题。固原市"两个带头人"实现了全市建档立卡贫困村全覆盖，为如期完成脱贫攻坚任务提供了坚实的支撑。2016年，全市有150个贫困村出列，9.6万贫困人口脱贫，超额完成脱贫年度计划。

专栏4　龙王坝村走出"1234"脱贫致富路

固原市西吉县吉强镇龙王坝村是一个重点贫困村。在实施"两个带头人"工程中，推选本村回乡创业"80后"大学生焦建鹏领办林下经济合作社。在以焦建鹏为主的致富能人带动下，以"生态休闲立村、乡村旅游活村、林下经济富村"为抓手，按照"农村变景区、农民变导游、民房变客房、产品变礼品"的发展思路，推行"合作社＋农户＋基地＋市场"的乡村旅游发展模式，使这个6年前还没有路的小山村，变成了传统三合院、多种风格民居并存的美丽乡村。目前已建成千亩林下油牡丹基地、万只林下生态鸡基地、林下梅花鹿养殖中心、农家餐饮中心、文化小广场、云台山寺庙、山毛桃生态观光园等，年接待游客6万人次。

在致富带头人带动下，村民走出了一条"1234"脱贫致富路："1"即景区农民户均经营1栋休闲采摘日光温棚。据测算，1栋日光棚供游客采摘草莓、油桃、西瓜、番茄、黄瓜等果蔬，年创收1.5万～3万元。"2"即全村农民户均种2亩油牡丹，年产籽400千克，年创收1.6万元。"3"即景区农民户均建3间客房，每天可创收100～270元；"4"即全村户均养殖林下生态鸡4只，由合作社按每只90元发给农户，农户养1月再由合作社按每只 120 元收购，一个循环周期，农户 1 月可创收 120 元，年创收 1 200 元。

2016 年，该村 177 户 737 人通过“1234”模式脱贫，人均可支配收入达到 8 900 元。龙王坝村被列入全国“景区带村”旅游扶贫示范项目，该村“林下经济合作社”被列入全国“合作社＋农户＋旅游扶贫”示范合作社。

五、需要进一步加强和完善的几个方面

固原市实施“两个带头人”工程成效明显，但需进一步巩固成果，创新机制，完善政策。

（一）进一步加大“二合一”人才培育力度

全市村党支部书记中，目前“二合一”带头人占 52.6%。“二合一”带头人是农村基层党组织政治力量、市场主体经济力量的集中体现，是支撑农业农村发展的新动能，要力争提高到 70%～80%，最终达到 90%以上，目标是把村党支部建成“带头富、带领富”的“双带型”基层党组织。实现这一目标，重点仍是整顿部分“软懒散”班子。要将那些班子建设后进村和尚未实现“二合一”的 381 个村，作为实施“两个带头人”工程的重点，采取“以利益引能”“以待遇招贤”等多种方式，培育和引进更多的“两个带头人”，尤其要吸引返乡创业大学生、大学生村官、“三支一扶”人才、机关事业单位工作人员等到贫困村任职、创业。

（二）进一步抓好“两个带头人”的提质、扩量、增能

从量上看，目前全市在册的致富带头人 3 506 人，仅占农业人口的 0.3%，规模较小；如到 2020 年扩大到 1 万人，占农业人口比例则可接近 1%。从人员构成上看，目前本地土生土长的致富带头人 3 267 名，占 93%；本地外出返乡创业的 239 名，占 6.8%；外省引入的 10 人，占 0.2%。这一现状说明，本地返乡和外籍成功人士占比非常小。另外，从投资规模及带动能力来看，以本土为主的现有绝大部分致富带头人，领办的实体规模不大；即使是返乡创业的，千万级老板也甚少，带动能力有限。下一步，“两个带头人”工程要在提质、扩量、增能（增强带动能力）上下功夫。除在本地本土人员中挖潜外（目前基数较大），要将工作重点放在“雁归能人”上，吸引本土外出成功人士返乡创业。要优化农村投资经营环境，比照招商引资出台相关政策，放宽条件，

简化立项、审批、办证手续，鼓励银行向返乡创业者贷款，及时帮助他们解决生产经营中的实际困难。通过资金支持、政策优惠等激励机制，吸引更多的农民工返乡创业，让他们在“两个带头”中实实在在地感受到回乡领办、合办经济实体比在城市打工挣钱多，由独自发展到引领众人发展，为家乡的父老乡亲脱贫奔小康贡献力量。

（三）进一步做大拉长扶贫产业链条

经过多年的扶贫开发，固原市农村产业发展虽然有较大变化，但总体上仍然比较滞后。目前全市集体经济薄弱村仍有600多个，占行政村总数85%左右。建档立卡贫困村几乎大多是集体经济“空壳”村。实施“两个带头人”工程一年多，产业开发取得较好成效。但由于大多为初创阶段，所以规模不大，链条不长，基础不牢，带动力不强。下一步，首先是选准产业。遵循长短结合、种养互补、三产融合的原则，按照“3＋X”发展模式（“3”即草畜、马铃薯、冷凉蔬菜，“X”即中药材、小杂粮等本地特产），制订村级产业发展规划，指导每个村选择2～3项能够带动多数村民和贫困户的主导产业。其次是采取更有吸引力的政策，有针对性地引入农业企业，培育能人大户，组建专业合作社等，做大做强扶贫产业。最后是通过订单农业、土地流转、基地务工等多种形式，建立企业、合作社与贫困户的利益联结机制，形成利益共同体，使依附在产业链上的村民学到持续增收的技能，分享产业发展的成果。力争再经过2～3年的努力，实现“四个都有”：所有行政村都有主导产业，所有贫困村都有党员致富带头人，所有的贫困户都有产业带动脱贫，所有有劳动能力的党员、村“两委”成员都有脱贫致富的项目。

（四）进一步完善组织推进机制

1. 制订实施“两个带头人”发展规划 固原市“两个带头人”工程已实施了近两年时间，目前需要在总结分析基础上，制订一个3年或5年实施规划。市级层面要对整个工程进行总体设计，包括指导方针、目标任务、产业载体、培育路径、支持政策、组织保障、考核评价机制等。规划制订后，实行市委统筹、县区统抓、乡镇落实、村级落地。在此基础上，建立村级人才库、产业项目库、信息数据库，把党建和扶贫的各项工作进一步落实到产业链上。

2. 实施站位更高、力度更大的推进措施 农村脱贫致富，关键在党支部。从巩固党的执政根基的高度，把深入推进“两个带头人”工程摆在更加突出的位置，建立工作落实、协调、联动机制，在工程起步、初战告捷的基础上，抓好新一轮推进工作的谋划，查找薄弱环节，针对工程短板、深层次矛盾和问题，出台新的含金量高、操作性强的推进措施，推动“两个带头人”在“量”上增加，在“质”上提升，在“带”上突破，为抓党建、立产业、促脱贫提供持久动力。

3. **建立考核评价机制** 抓紧建立实施“两个带头人”工程的考核评价体系，纳入各级脱贫攻坚的考核范畴。突出目标导向、结果导向，科学制定考核指标、考核办法、考评程序。实行市、县（区）、乡（镇）交叉考核与第三方评估相结合。

4. **针对一些深层问题开展调研** 当前农村正处在深刻变革转型时期，“两个带头人”工程的推进，对党在基层的执政地位、农业供给侧结构性改革、农民组织化形式、扶贫机制创新、农村社会结构等，都将产生直接或间接影响。要抓住一些关键性的问题，组织相关部门和专家智库进行专题调研，分专题、分行业提出决策咨询报告。譬如：如何破解贫困村集体经济普遍薄弱难题；如何解决金融部门对实施“两个带头人”工程支持不力的问题；如何充分利用国家闽宁东西协作机制，解决人才引进与培育、产业引进与培育问题；等等。

【点评】如何解决贫困地区村级组织建设长期存在的“就党建抓党建、党建扶贫‘两张皮’”和“村集体无实力，办不了事、扶不了贫”的问题？固原市提出的“两个带头人”工程，在基层党建和扶贫发展这二者之间找到了结合点，这就是以产业为纽带、为载体，把基层党组织政治力量、村民群众力量、能人市场主体力量这三种力量凝聚到产业链上，使贫困群众的观念转换、就业机会、项目参与、经营利益在产业链上得以体现，贫困人口的精准脱贫目标、优惠政策享受在产业链上得以实现，农村基层党组织的战斗堡垒作用在产业链上得到发挥，形成了“穷人跟着带头人走，带头人跟着产业走，产业跟着市场走”的产业扶贫运行格局。“两个带头人”工程牵住了新形势下基层党建“抓什么”的“牛鼻子”，使“抓党建、促脱贫”不再是一句空洞口号，而是有了实实在在的支撑载体和具体内容——这就是围绕发展壮大扶贫产业培育“两个带头人”、加强基层组织建设。

固原市“两个带头人”工程提高了农民的组织化程度，实现了“三个改变”：农民在产业链上集聚，改变了传统的组织形式；土地集约化经营，改变了原有的小农生产方式；吸引大批本地外出成功人士返乡创业，改变了农村社会结构形式。实践进一步说明，在市场经济条件下，靠“政治说教、强迫命令”方式组织农民已经失灵。基层党组织要重振党在农村的基础地位，必须在“带头富、带领富”的旗帜下，通过利益联结、共同致富，才能引领、组织农民。村党支部一旦与分散的农户、贫困户结成了利益共同体，农民就会信心满满地相信党、拥护党、跟党走。这就给我们一个重要启示：在未来的农村改革发展中，重塑村民动员，重构村庄自治，“两个带头人”在带领农民脱贫奔小康的路上一定能够走得更远。

调研组：洪天云　杨　刚　刘少锋
洪绍华　覃　伟
执　笔：洪绍华
点　评：王忠贤

思考题

1. 如何在实施贫困村致富带头人培育工程中，处理好培育村党组织带头人与培育创业致富带头人的关系，促进基层党建与扶贫攻坚的有机结合？

2. 固原市出台文件，明确“离岗后身份不变，编制不变，人事关系不变，福利待遇不变，原单位工作年限连续计算”的“四不变一连续”政策，鼓励机关事业单位工作人员，包括驻村“第一书记”、扶贫工作队员、科技特派员等，到农村和脱贫攻坚一线担任“两个带头人”，允许他们在担任“两个带头人”期间，以领办、创办、合办经济实体。你对此怎么看？这一做法如何能在贫困地区尤其是深度贫困地区推广？

案例4 打造一支不走的工作队

——重庆市农村本土人才回引工程

华中科技大学（中国·南方）减贫与发展研究院案例编写组

【导读】为从源头上破解农村优秀中青年人才大量外流导致的农村扶贫开发、农业现代化建设和基层社会治理人才匮乏困局，重庆市委及市委组织部在深入调研基础上，将加强农村高素质本土人才队伍建设作为长远之计和治本之策，下发专门文件，做出具体部署，从2015年起实施本土人才回引工程，为农村经济社会发展和巩固脱贫攻坚成果，留下一支“不走的工作队”。目前，全市已回引10 237人，实现每村都有1～2名本土人才回村挂职、创业的初步目标，实施效果已逐步显现。

一、回引工程的提出

2015年年初，重庆市委组织部对农村基层干部队伍建设状况开展了一次大调查，发现有两个问题十分突出：①农村基层干部队伍老化弱化、后继乏人。随着工业化、城镇化深入推进，大量农村青壮年劳动力进城务工，留守本土的村“两委”干部整体年龄偏大、文化偏低、能力偏弱，并且不少村干部思想观念陈旧，市场意识缺乏，难以担负起带领群众脱贫致富和基层社会治理的重任。②选派到村的干部大多难以扎根久留，基层队伍不稳。近些年通过选派大学生村官、“第一书记”等措施，在一定程度上缓解了农村基层干部匮乏问题。但是，大学生村官基本上都是“异乡人”，3年服务期满后基本上都选择离开。而“第一书记”主要是针对贫困村、后进村选派的，并且是兼职的。他们的本职岗位在机关单位，完成脱贫攻坚和整顿后进任务后，也将陆续撤离。

以上两个方面问题的双重效应，导致农村发展和基层社会治理后继乏人，影响了党在农村的执政基础。许多贫困村、薄弱村“没人愿意当村干部，选不出人来当村干部”，这足以说明解决农村人才匮乏、基层干部队伍后继乏人问题已迫在眉睫。重庆市委组织部认为，解决这一问题的基本思路，就是要采取有力措施，吸引广大本乡本土大中专毕业生回村挂职、创业，建立起农村优秀人才“引得回、留得住、用得好”的良性机制，努力建设一支数量充足、来源稳定、结构合理、素质优良、作风扎实、适应农村工作需要的基层干部队伍，在农村留下一支“不走的工作队”。为此，重庆市委组织部、市人力资源和社会保障局、市公务员局联合下发了《关于加强农村基层本土干部人才队伍建设的通知》（渝委组〔2015〕72 号），从 2015 年下半年开始，在全市范围内大力实施农村本土人才回引工程。

二、回引工程的实施操作

重庆市各区（县）对实施本土人才回引工程高度重视，根据市委组织部等 3 部门文件精神，均制定了具体的实施操作办法，出台 3 项相关政策，以确保这项工程有序有效推进。以黔江区为例，其主要实施方法是：

（一）建立本土大中专毕业生人才信息库

把本乡本土大中专毕业生作为村（社区）后备干部队伍的主要来源。各地对所辖村（社区）的大中专毕业生进行了全面调查摸底，掌握基本情况，了解本人意愿。对年龄在 35 周岁以下、有意愿回乡创业的大中专毕业生进行登记造册，纳入本土人才信息库，实行台账管理。对在外创业的成功人士，放宽到 40 周岁以下。对部分交通闭塞、基础设施落后、农民人均纯收入较低的边远贫困村（社区），放宽到中专（高中）学历。本土人才信息库实行动态管理。每年 8 月，各地对本乡本土大中专毕业生开展一次摸底排查，对于新增的本土人才及时纳入信息库管理。对已纳入信息库的本土人才，随时掌握工作动向和任职意愿。仅黔江区，通过对本乡本土大中专毕业生进行调查摸底，就建立起 4.2 万余人的本土人才库。

（二）按程序择优遴选优秀人才到村（社区）挂职

原则上每个行政村（或农村社区）选配一名优秀本土人才到村（社区）挂职。以后每年根据流动情况及时补充。挂职时间原则上不超过 3 年。挂职岗位为村（社区）党组织书记助理、村（居）民委员会主任助理或其他综合服务岗位。挂职期间，由乡（镇）、街道负责日常管理和考核，不按要求到岗履职的可直接取消挂职资格，年度考核不合格的不再安排挂职。遴选挂职坚持公开平等、竞争择优原则，坚持以下操作程序：

1. 宣传动员 由乡（镇）、街道组织发动基层党组织和党员干部，积极做好本乡本土大中专及以上毕业生思想动员工作，采取主动登门拜访、电话联络、座谈联谊、解决家庭困难、宣传创业政策等方式，对大中专及以上毕业生进行“点对点”动员，鼓励他们回村（社区）任职、创业发展。同时，注重动员鼓励在本地服务、有本地户籍的“三支一扶”人员、西部志愿者到村（社区）工作。

2. 组织报名　报名条件是：①户籍或长期居住地在本县（区）。②具有国民教育大学专科及以上学历，年龄35周岁以下。偏远贫困村（社区）以及无人报名的村（社区）学历可放宽到中专（高中），在外创业的成功人士年龄可放宽到40周岁以下。报名者只能选择户籍所在村（社区）或长期居住的村（社区）报名。对无本土人才报名的村（社区），可征求户籍和居住地相邻的村（社区）本土人才意愿，实行报名调剂。报名时，由乡（镇）、街道党（工）委现场对报名者的户籍、长期居住地、学历学位等信息进行审核。

3. 考察与考（面）试　乡（镇）、街道及时汇总各村（社区）报名情况，制订各村（社区）具体遴选挂职方案，并对报名者进行考察。考察组组长原则上由乡（镇）、街道党政主要负责同志担任，成员为驻村干部及村（社区）“两委”主要负责人。对是否需考试、面试，由各乡镇街道结合实际报名人数自行确定。

4. 确定人选　在考察或考（面）试基础上，由乡（镇）、街道党（工）委集体研究确定拟挂职人选。注重遴选政治思想素质好、敢于担当、基层工作能力强、热心为群众服务的优秀人才，不能简单地以学历画线。若本村（社区）没有合适人选的，可从本乡（镇）、街道邻近村（社区）中遴选调剂。

5. 集中公示　坚持公开、竞争、择优原则，坚决防止任人唯亲、营私舞弊等行为，拟选派挂职名单要在乡（镇）政府（街道办事处）驻地和挂职所在村（社区）公示，接受群众监督，公示时间不少于5个工作日。

6. 选派挂职　公示期满后，对无反映或反映问题不影响挂职的，由乡（镇）、街道制发挂职文件，并形成挂职台账，报上级党委组织部备案。

专栏1　刘春波返乡创业担任村民委员会主任助理

黔江区石会镇青山村回归青年刘春波，2015年6月大专毕业后，在重庆一家汽车4S店打工半年。2015年12月响应“本土人才回引计划”，辞去工作回到家乡创业。在镇政府和村干部的帮助下，刘春波向亲戚朋友借钱投资，承包了200亩土地，与重庆市黔江区绿满地蔬菜有限责任公司签订订单合同，成立了重庆市黔江区鼎晟种植股份合作社，种植野山椒。2016年，在区扶贫办、镇政府和驻村工作队支持下，投资22万元（其中申请财政扶贫资金10万元，合作社自筹12万元），新建加工厂房300米²、硬化基地公路0.7千米等。合作社吸纳本村立档建卡贫困户40余户在基地务工，加上土地流转，户均增收6 000余元。2017年1月，刘春波经过笔试、面试，通过石会镇党委、政府的招录，成为青山村村民委员会主任助理。

（三）开展履职与创业能力培训

各地制订培训计划，分期分批对录用挂职人员开展岗位集中培训，培训时间每年不少于2天。各乡（镇）、街道视情况安排为期1个月左右的乡（镇）、街道机关实岗锻炼，让挂职人员熟悉乡村基层公共事务管理程序和运行方式。对有志创业的挂职人员和返乡创业人才开展创业培训。如黔江区根据本土人才兴趣爱好、专业专长和工作需要，制订个性化培训规划，通过请进来“讲”、到基地“看”、赴外地“学”，分期分批选派本土人才参加产业开发、种养技术、电子商务、经营管理、市场营销等培训班，激发他们的创业热情，提升他们的创业能力。

（四）实行“一对一”联系帮带制度

对在村（社区）任职或挂职的大中专毕业生，建立乡（镇）、街道党政班子成员“一对一”联系帮带制度，手把手地向他们传教知识、经验和方法，促其尽快熟悉工作环境，掌握村（社区）情民意，理清工作思路，不断提升素质能力。对其中不是党员的优秀人才，积极培养发展入党，引导他们坚定理想信念，树立扎根基层、奉献农村的决心和立志成才、建功立业的信心。

（五）加强实施组织管理

各级党委把加强农村基层本土干部人才队伍建设工作摆上重要议事日程，进行专题部署，并由组织部门具体牵头抓总。明确乡（镇）党委是具体操作实施回引工程的责任主体。要求挂职人员必须到岗履职，不能“只挂名不到位，只拿钱不办事”，任何单位一律不得抽借。挂职期间，由组织部统一负责人才管理，乡（镇）党委负责日常工作与年度考核。对年度考核不合格的，不再安排挂职，并报县委组织部备案。

三、吸引本土人才回流的激励政策

重庆市各区（县）为吸引本土人才回流，实行了“三给”激励政策：

（一）给经济待遇

遴选到村（社区）挂职人员挂职期间的工作补贴、养老保险缴费补贴，参照所报考村（社区）专干标准执行，由区、县财政统筹解决。鼓励各乡（镇）、街道采取让其参与政府购买服务项目等方式，给予适当补贴。

（二）给创业扶持

制订本土返乡人才创业扶持计划，为他们对接产业项目、创办小微企业、领办合作经济组织、发展农村电子商务、发展农村集体经济等给予定向扶持，在准入许可、土地流转、融资担保、贷款贴息、奖励补贴、税费减免等方面给予支持。相关职能部门通过提高服务质量、改善创业环境，为返乡创业人员开辟“绿色通道”，在政策咨询、注册登记、经营扶持、技术指导、创业培训等方面提供优先服务。

（三）给发展出路

（1）对培养成熟、表现突出、群众公认的挂职干部，及时推荐选拔进入村（社区）“两委”班子。

（2）对担任过学生干部、能力突出、党员群众公认的党员，可直接担任村（社区）党组织书记或副书记。

（3）每年拿出一定的指标名额，从优秀村（社区）干部中定向招录（聘）乡（镇）公务员；并有计划地安排一定乡（镇）事业单位岗位，面向优秀村（社区）干部定向招聘，把具有丰富基层工作经验的优秀村（社区）干部作为乡（镇）干部队伍重要来源。从优秀村（社区）干部中定向招录（聘）的乡（镇）干部，可继续留村（社区）工作。

（4）对当选为村（社区）“两委”成员的，在参加乡（镇）公务员、事业单位工作人员定向招录（聘）时，其在村挂职时间计入村干部任职年限。

（5）鼓励挂职和回归人才踊跃创业，领办创办合作经济组织，开发本地特色产业，努力成为带动群众脱贫致富的创业致富带头人。

四、实施效果逐渐显现

（一）吸引了万余本土人才回归

两年来，重庆市已回引本土人才10 237人，实现每村都有1～2名本土人才回村挂职、创业。其中，黔江区共遴选本土挂职人才218名，实现了村（社区）全覆盖。重庆市1 919个建档立卡贫困村共回引本土人才2 803名，实现了每个贫困村有 1～2 名本土人才挂职、创业，促进了贫困村脱贫攻坚精准扶贫。

（二）改善了基层干部队伍结构

以黔江区为例，通过层层选拔的挂职人员 218 人，其年龄、文化和专业结构等都比较合理，从而使农村基层干部队伍结构得到优化和改善。218 人中：35 岁以下的 210 人，占 96.3%；大专以上学历 193 人，占 88.5%，其中管理类 44 人，农业类 31 人，经济类 27 人，法律类 17 人，其他类 74 人。

（三）加强了村级班子队伍建设

在 2016 年村级班子换届中，全市有 1 830 名优秀挂职、创业本土人才被选进村“两委”班子，占全市回引本土人才总数的 17.9%。黔江区在村（社区）换届中，有 50 名优秀本土人才当选为村“两委”成员，占挂职人员总数的 22.9%，有的甚至担任了“一把手”。如濯水镇堰塘村的冉崇波、太极乡太河村的阮正涛等，均成功当选为村党支部书记。

（四）发挥了创业致富带头人带动作用

据重庆市初步统计，全市回引本土人才领办农民专业合作经济组织 1 062 个，创办小微企业 1 852 个，牵头推进电商、金融、超市“三进村”2 970 个，带活了一方经济。如黔江区邻鄂镇松林村本土人才简义相，积极投身扶贫事业，实行“公司＋合作社＋农户＋基地”的产业发展模式，利用高山气候发展菊花种植和特色食用菌产业，吸纳村民入股分红，入社村民户均年增收 2 万元。再如黔江区小南海镇新建村本土人才郭华欣，依托“农村淘宝”创办电商平台，为 197 户农民群众安装“农村淘宝”App 终端，带动群众养殖生猪 300 余头、土鸡 2 500 余只、土蜂 700 余桶、培育花卉苗木 500 亩，月外销农产品收入 3 万余元。

专栏 2　李清华回乡创业带动数千农户增收

今年 40 岁的李清华是黔江区白石乡人，中学毕业后就开始学做生意。1997 年，李清华南下广东打工，先后进过鞋厂、跑过销售、当过采购。2007 年，打工 10 年的李清华用打工挣得的积蓄在广东办了一家属于自己的食品厂，并小有成就。在外面打拼的十几年里，每逢过年后回广东，他都会带上家乡的“渣海椒”，让这个土家特色菜走进了沿海大市场。

2010年李清华春节返乡，经过一段时间的考察和思考，他下定决心关掉广东的食品厂，返乡创办了重庆尝必乐农业开发有限公司，致力于土家特色食品开发，带动父老乡亲共同致富。该公司注册资本500万元，固定资产1 563万元，现有职工35人，其中安排贫困人口就业8人。

2016年公司销售渣海椒、腌菜等6 636吨，实现销售收入3 746万元，利税385万元。以渣海椒、腌菜两个核心产品带动上游农产品基地两季连作。目前，已带动3 650户农民发展辣椒、儿菜、玉米等种植基地6 582亩，户均增收5 000元，其中带动贫困户683户。

重庆市实施的本土人才回引工程已逐显成效。下一步，该市将针对工作中存在的不足，制定本土人才回引工程规划，进一步完善相关激励政策、待遇政策和创业扶持政策，并加强能力培训，健全考核机制，以鼓励和回引更多的本土人才担任村职、回归创业、建功立业。

【点评】为破解农村优秀中青年人才大量外流导致的农村基层人才极度匮乏、村“两委”班子普遍老化弱化这一困局，重庆市着力推进实施本土人才回引工程，具有重要战略意义。这一举措，有利于巩固党在农村的执政基础，有利于为农村可持续发展注入新的活力和动能，有利于巩固脱贫攻坚成果，打造一支“不走的工作队”，是农村发展与基层治理的治本之策。外出打拼的本土人才，经过改革开放大潮的洗礼，具有土生土长情况熟、见多识广观念新的能力优势，具有“引得回、留得住、能扎根”情结优势。重庆市靠乡情感召、靠政策鼓励、靠细致工作，吸引本土人才回乡创业或参与基层管理。回乡创业者为农村带来新的就业机会，通过发展特色产业带动农民增加收入；参与基层管理挂职人员，年纪轻、技能强、文化水平高、接受新生事物快，改善了村“两委”班子队伍结构，提高了班子的战斗力和带领群众脱贫致富的能力。重庆市实施本土人才回引工程的经验做法和制度机制，为贫困地区破解农村基层人才匮乏困局，提供了有益的借鉴。

调研组：张洪波　周加龙　陈平路　李秀美
执　笔：陈平路　李秀美
点　评：罗　光

思考题

1. 如何完善相关激励政策、任职待遇政策和创业扶持政策，吸引本土人才回归创业和在村“两委”安心任职，确保本土人才“留得住、能扎根、用得好”?

2. 在贫困地区实施本土人才回引工程中，如何发挥扶贫政策优势和扶贫部门作用？如何把本土人才回引工程与贫困村创业致富带头人培育工程有机结合起来？

案例5　党建引领　连村联创　抱团攻坚

——湖南省麻阳县楠木桥村“一村带八村”创业扶贫

华中科技大学（中国·南方）减贫与发展研究院案例编写组

【导读】贫困地区先富村如何帮带周边贫困村？湖南省怀化市麻阳苗族自治县谭家寨乡楠木桥村，在村党支部书记谭泽勇带领下，在脱贫攻坚中探索出“先富帮后富、一村带八村”的“党建引领、连村联创、抱团攻坚”扶贫新模式。本案例介绍了其创新做法、运作机制和实施效果。

一、“一村带八村”的提出

位于湖南湘西的怀化市麻阳苗族自治县，是国家武陵山集中连片特困地区的片区县。该县的谭家寨乡楠木桥村是当地的一个先富村，曾获得全国基层党建先进村、全国文明村镇、全国民主法制示范村等荣誉称号。村党支部书记谭泽勇是十三届全国人大代表、全国劳动模范、2016年国家脱贫攻坚奋进奖获得者，曾先后参加在中国人民大学举办的全国“村官”培训、湖南省农村创业致富带头人培训。通过培训，谭泽勇的视野更加开阔，思路更加清晰，富村帮穷村的思想更加坚定。在脱贫攻坚战打响后，谭泽勇敢于担当、勇于创新，在县、乡党委政府的支持下，积极探索出“一村带八村、先富帮后富”的“党建引领、连村联创、抱团攻坚”扶贫新模式。

楠木桥村也曾是一个贫困村。谭泽勇带领村里党员干部和村民群众大力发展特色产业，于2008年抢抓机遇创办楠木桥大学生村官创业园，发展名优水果规模种植。通过以园带村，经过几年努力，楠木桥村的经济发展走上了快车道，2015年村集体经济收入达到480万元，成了远近闻名的富裕村。但是，楠木桥村周边8个村（咸池坳村、白竹林村、腾紫坪村、竹子坳村、太平图村、梅场村、跃坪村、黄茶村）的经济社会发展仍然比较落后，其中有4个村是建档立卡贫困村。谭泽勇认为：“一村富是‘盆景’，村村富才是‘风景’。”

于是他主动向乡党委请缨，决心以楠木桥村为龙头，携手周边 8 个村抱团攻坚、共同发展，走以产业开发为核心的共同富裕之路。

二、连村联创做法

（一）组建九村联合党总支

经乡党委批复同意，以楠木桥村党支部为基础，组建 9 村联合党总支。乡党委书记兼任党总支书记，谭泽勇任党总支专职副书记，其他 8 村的党支部书记任党总支委员。联合党总支是抱团攻坚的“联合指挥部”，其主要任务是为连村联创、产业开发提供组织保证，发挥党员在抱团攻坚、产业发展中的先锋模范作用。联合党总支下设 20 个党小组，把党小组建在产业上，保证了 9 个村的 11 个产业每个产业至少有一个党小组，33 个产业基地都有党员致富能手。

（二）合作投资创建产业开发公司

首先，成立村扶贫合作社，提高贫困户的组织化程度。由 9 个村的村集体牵头成立村扶贫产业种植专业合作社，将各村的建档立卡贫困户全部吸纳为扶贫合作社的社员，村党支部书记担任村扶贫合作社理事长。9 个村的扶贫合作社共吸纳建档立卡贫困人口 651 户 2 426 人。各村扶贫合作社以投资人股东身份，共同发起组建麻阳宝库岭扶贫产业园开发有限公司（以下简称宝库岭公司），并负责做好土地流转协调工作，帮助贫困户协调落实扶贫小额信用贷款，组织贫困户劳动力参与产业园区务工，代表本村贫困户股东参与宝库岭公司的管理和经营。

其次，共同发起组建产业开发公司。依托已经发展成熟、创业成功的楠木桥大学生村官创业园（楠木桥村所属的村集体经济组织），联合 9 村的扶贫产业合作社，注册成立了宝库岭公司，注册资本 2 000 万元。楠木桥大学生村官创业园作为第一股东投资 240 万元，占注册资本的 12%。其余投资主体为 9 个村的扶贫产业合作社（合作社内部含村集体和全村贫困户）。9 个村的贫困户股本金来自两个方面：①县财政扶贫资金对贫困户每人 2 000 元的产业发展扶持资金，作为贫困户的股本金投入到宝库岭公司（仅此一项政府分批扶持 485.2 万元）。②经过信用等级评定的授信贫困户，每户可获得 3 年期 5 万元的扶贫小额信用贷款，作为贫困户参与产业园的合作投资。目前已落实用信贫困户 184 户，投放贷款 920 万元，还有部分已授信贫困户的贷款正在办理中。另外，对 9 个村中的 4 个贫困村，县里为每村平均安排 38 万元扶贫产业扶持资金，以贫困村集体股本金形式投入到宝库岭公司。

最后，健全宝库岭公司治理结构。组建公司董事会。根据出资多少，由楠木桥大学生村官创业园董事长谭泽勇（即楠木桥村党支部书记）担任公司董事长，其他8村的村扶贫合作社理事长（即村党支部书记）担任公司董事会成员。推选乡、村两级人员或村民代表组成公司监事会，对公司及产业园的经营管理进行民主监督。

（三）抱团开发建设扶贫产业园

宝库岭公司与4个贫困村和5个非贫困村的农户签约，流转了几村毗连的宝库岭荒山坡地2 000亩，共建扶贫产业园区，主要种植东红、黄金冠等优质猕猴桃及名特水果。扶贫产业园区于2015年第四季度动工，经过一年多的努力，主要建设项目如通路、通水、通电、土地整理、栽种果树苗等全部完工。由于发展水果产业一般定植3年以后才能进入受益期，所以扶贫产业园采取“以短养长、长短结合”经营方式发展林下经济，扩大蔬菜、西瓜等园艺类经济作物的种植面积，以期在较短时间获得收益。

（四）完善产业联创利益分配机制

宝库岭公司及扶贫产业园受益后，利润分配机制为：楠木桥大学生村官创业园占25%（含股本金分红，以及技术、管理和营销服务折股收益）；9个村合作社占75%（按各村合作社入股额度测算分红到各村；在此基础上，各村合作社按村集体10%、贷款贫困户80%、非贷款贫困户10%比例进行二次分红）。扶贫产业园到2018年将实现收益，到2020年丰产时，预计贫困人口年人均可增收5 000元以上，各村（包括4个贫困村）的集体经济年收入可达20万元以上。此外，在产业园3年建设未挂果受益期间，公司有计划地轮流安排9个村的贫困户劳动力在产业园轮流打临工，每天80～100元并管一顿饭，确保有劳动能力贫困户每户年务工量不少于80天，年打工收入达到6 000元以上。

三、抱团攻坚效果

以楠木桥村为龙头的“党建引领、连村联创、抱团攻坚”扶贫新模式，实施两年来取得了显著的阶段性成效：

（一）培训培育了一批创业致富带头人

仅2016年至2017年3月，以楠木桥村大学生村官创业园和扶贫产业园为基地，共承办或举办农村致富带头人培训班9期，为湖南、贵州等省及本县培训致富带头人 760 人；孵化培育大学生村官 24 人，其中有 7 人成为本地特色农业基地和专业合作社的领办人或村干部，有 17 人考上公务员，为国家输送了人才。

（二）带动 9 村特色产业发展

在抱团开发已建成 2 000 亩扶贫产业园的基础上，按连点成线、连线成片的布局思路，9 个村先后建成 100 亩霞飞中药材基地、竹子坳村 200 亩蓝莓基地、楠木桥村 500 亩葡萄基地、黄茶村 200 亩红心猕猴桃基地、吴公桥村 200 亩黄桃基地等，年产值超过 1 000 万元。9 个村共建成四星级休闲农庄 2 个，民俗文化表演大舞台 3 个，年旅游接待 10 万余人次，实现旅游收入 600 多万元。2015—2016 年，连村联创 9 村农民人均增收 3 000 多元，贫困人口从 6 400人减少到 2 426 人。

（三）建立起贫困户和村集体经济稳定增收的长效机制

贫困户和贫困村集体将政府安排的财政扶贫产业支持资金和扶贫小额贷款，作为股本金入股扶贫产业园，并通过共同参与项目开发和利益联结机制，将扶贫产业园建成一个“绿色银行”，使贫困户、贫困村集体经济有了较稳定的增收来源，增强了其内生动力和自我积累能力。

（四）进一步增强了基层党组织的凝聚力和战斗力

9 村联合党总支在连村联创产业开发中发挥了引领和组织保证作用；20 个党小组和党员致富能手在各村的特色产业开发中发挥了先锋模范作用。与此同时，各村党支部在脱贫攻坚中狠抓精准扶贫政策措施落地生根，为村民办实事、办好事，为贫困群众排忧解难，受到村民们拥护，改善了干群关系，增强了村党支部在群众中的威信和凝聚力。

四、需要进一步完善的问题

（一）解决好贫困户近 3 年增收问题

9 村联创合作开发建设宝库岭扶贫产业园，主要发展猕猴桃等名特水果产业，一般定植 3 年后（2018 年）才开始进入受益期，5 年以后（2020 年后）才进入丰产期。显然，2017—2019 年即建园后的三、四年，正是建档立卡贫困户要全部实现精准脱贫的时间段，那么，这三、四年贫困户的增收来源靠什么？尽管扶贫产业园采取了“以短养长”方式发展林下经济，搞蔬菜、西瓜等种植，但毕竟种植面积有限，并且其收益可能更多用于弥补果园生长期的生产管理成本支出。当然，有计划地安排贫困户到产业园基地务工是应对措施之一，但更重要的还是需要各个村的村“两委”和驻村工作队采取多管齐下，帮助本村的贫困户拓宽增收门路，不能把“宝”全部押在产业园上，否则将影响贫困户精准脱贫既定目标的如期实现。

（二）走“农旅康养”结合的发展路子

麻阳苗族自治县地处湘西武陵山区腹地，生态环境甚好，民族文化底蕴深厚，是著名的苗族之乡、全国长寿之乡。谭家寨乡的9村连创产业园位于宝库岭及宝库岭水库，有山有水、青山绿水、空气清新、环境优美，适宜发展观光体验农业、乡村生态旅游、苗族风情文化、长寿休闲康养等新兴绿色产业，走“农旅康养”结合的发展路子。这样，可在保护生态环境的前提下，改变扶贫产业园产业结构比较单一的局面，拓展扶贫产业链和价值链，增加贫困农民就近就地就业机会，建立稳定增收机制。对此，宝库岭公司目前已经有了一个初步设想框架，下一步应尽快形成科学规划和实施计划，引进市场投资主体，争取政府相关部门支持，加快“农旅康养”计划实施步伐。

（三）提高企业经营管理水平

目前谭家寨乡9村连创成立的宝库岭公司，从治理结构上看属于农村“草根”企业，这在创业初期阶段问题不大。但随着扶贫产业规模的做大，特别是在实施“农旅康养”发展计划过程中及以后，提高企业经营管理的科学化、专业化、规范化水平势在必行。这就需要强化现代企业管理理念，重视专业人才的培养和引进，健全企业内部管理制度，完善企业治理结构，在提高企业经营管理水平中创品牌、增效益。

【点评】湖南省怀化市麻阳苗族自治县谭家寨乡楠木桥村，在脱贫攻坚中探索出的“先富帮后富、一村带八村”的“党建引领、连村联创、抱团攻坚”扶贫模式具有典型意义：首先，充分体现了农村党组织在基层一线打赢脱贫攻坚战中的核心引领作用和根本组织保证作用；其次，体现了以村党支部书记谭泽勇为首的楠木桥村“两委”班子和干群们的大爱情怀和奉献精神，用艰苦创业、苦干实干行动，把“先富帮后富”落实到“富村帮穷村、一村带八村”的具体实践中；最后，通过股份合作抱团创业，联手开发扶贫产业，并建立起“双带贫”机制（带动贫困户、带动贫困村集体经济），把扶贫产业园所得收益（除了产业园公司自身发展积累以外）绝大部分用于扶持建档立卡贫困户和村集体经济。这一扶贫模式的内在精神、主要做法和运作机制，在贫困地区具有可复制性和推广价值，值得学习借鉴。

调 研 组：刘晓山　谭诗斌　周加龙　李　佳
原稿提供：湖南省扶贫办
编写执笔：谭诗斌　李　佳
点　　评：洪绍华

思考题

1. 在农村基层，如何处理行政村党组织与产业党组织（如产业党支部、产业党小组）的关系，以及党员的组织生活关系？

2. 作为农民身份的村党组织领头人如村党支部书记，在牵头领办兴办集体经济或合作经济过程中做出突出贡献，其经济待遇或收益分配问题如何处理，怎么解决？

案例6　由劳务品牌向致富带头人品牌转变

——浙江省云和县“云和师傅+创业扶贫”培育模式

华中科技大学（中国·南方）减贫与发展研究院案例编写组

【导读】“云和师傅”是浙江省丽水市云和县多年精心打造的且经国家商标注册的农村劳务品牌。近两年，云和师傅实行了由劳务品牌向创业致富带头人品牌的转变，走出了一条特有的“云和师傅+创业扶贫”的新路子。本案例介绍了云和师傅的培育方式，云和师傅在脱贫攻坚中如何实现由劳务品牌向创业致富带头人品牌转变，以及以云和师傅为骨干力量的云和县致富带头人创业扶贫机制和实施效果等。同时，对如何进一步完善创业致富带头人培育工作提出了若干建议。

一、背景与概况

云和县地处浙西南，位于瓯江上游，辖4街道3镇3乡，168个行政村，总人口11.2万。全县辖区面积984千米^2，其中林地面积121万亩，耕地7.3万亩，水域5万余亩，素有“九山半水半分田”之称。云和县生态环境优美，有丰富的森林、水力、旅游资源。经过多年努力，云和县已逐步形成了第一产业以食用菌、茶叶、水干果为主导，第二产业以木制玩具、轴承、阀门为主导，第三产业以生态旅游、商贸物流为主导的产业体系。2015年，全县农村人均可支配收入低于4 600元的低收入农户尚有2 230户5 960人。

“云和师傅”是指具有云和县户籍，有5年以上农业农村综合开发生产实践经验，遵纪守法，诚实守信，参加县里统一培训、考试获得技师以上职称，并持有云和县人民政府核发的“云和师傅”证书的农村专业技术型人才。按等级评定，云和师傅分为颁证云和师傅和后备云和师傅两个层次；按专业划分，云和师傅共有食用菌、茶叶、水果、玩具、建筑、商贸、饮食、种养、加工等9种专业技术类型。

云和师傅品牌的打造，其源头是从食用菌生产技术向外省输出开始的。云和县农民有从事椴木香菇生产的传统。20 世纪八九十年代，在农村改革开放浪潮的涌动下，大批“身怀绝技”的云和“香菇客”开始走南闯北，赴江西、安徽等省农村传授食用菌生产技术，指导和帮助当地农民发展香菇生产。1999 年，时任中共浙江省委书记张德江对云和食用菌异地开发工作做出重要批示，要求总结经验，提供政策支持，同时注意保护异地开发菇农的合法权益。这一重要批示为实施云和师傅品牌战略奠定了基础。

自 2005 年至今，云和县有组织、有计划地打造符合本县实际、独具特色的农村乡土人才品牌——云和师傅。12 年间，云和师傅品牌建设经历了起步、发展、提升 3 个阶段。①2004—2006 年初步建设阶段：提出创建云和师傅品牌，广泛开展舆论宣传，制定评定考核标准，上报国家审批劳务商标。②2007—2014 年发展壮大阶段：加强培训促进队伍壮大，规范管理提升云和师傅素质，提高云和师傅品牌知名度。③2015 年至今，品牌转型提升阶段：实施农村创业带头人“十百千”帮培工程，开展云和师傅扶贫帮困活动，提升云和师傅在脱贫攻坚中的创业创新带头能力，实现由劳务品牌向创业致富带头人品牌的转变。

2005—2017 年，云和县共培育了 12 批 540 名颁证云和师傅；同时，培育后备云和师傅 6 000 多名。540 名云和师傅按从事专业分类，食用菌 294 名、茶叶 42 名、电子商务 34 名、养殖 29 名、水果 26 名、中药材 24 名、商贸 16 名、玩具 10 名、民宿建筑 16 人、其他 49 名。云和师傅技术专业分布比例见表 1。

表 1　云和县 540 名颁证云和师傅专业分布

专业技术类型	云和师傅人数（人）	占总人数比例（%）
食用菌	294	54.44
茶叶	42	7.78
电子商务	34	6.30
养殖	29	5.37
水果	26	4.81
中药材	24	4.44
商贸	16	2.96
民宿建筑	16	2.96
玩具	10	1.85
其他	49	9.07
合计	540	100.00

二、云和师傅是怎样培育出来的

（一）培训先行

改过去分散培训为集中培训，把云和师傅培训学校、云和县职业技术学校等 5 所学校作为云和师傅主要培育基地。县财政每年安排 110 万元专项资金，专门用于农民培训和云和师傅培育。聘任了 42 名各行各业的专家担任培训教师。组织力量编写出版了《云和师傅教育读本》《新型农民培训系列教材》《食用菌生产技能》等约 120 万字的系列培训教材。每年邀请既有丰富教学经验，又有很强实战经验的教授、专家等组成讲师团，系统讲授国际领先技术、经营管理知识和各种实用技能，切实优化原有云和师傅队伍知识结构，改变云和师傅创业理念。每年选送优秀云和师傅到高校参加技能提升继续教育培训，截至目前已选送 194 名云和师傅到高校深造。

（二）有序认证

云和师傅的认定颁证经过五道严格程序：①个人申请。②乡镇初审。③县品牌办复审。④专家评审。⑤县政府审批颁证。

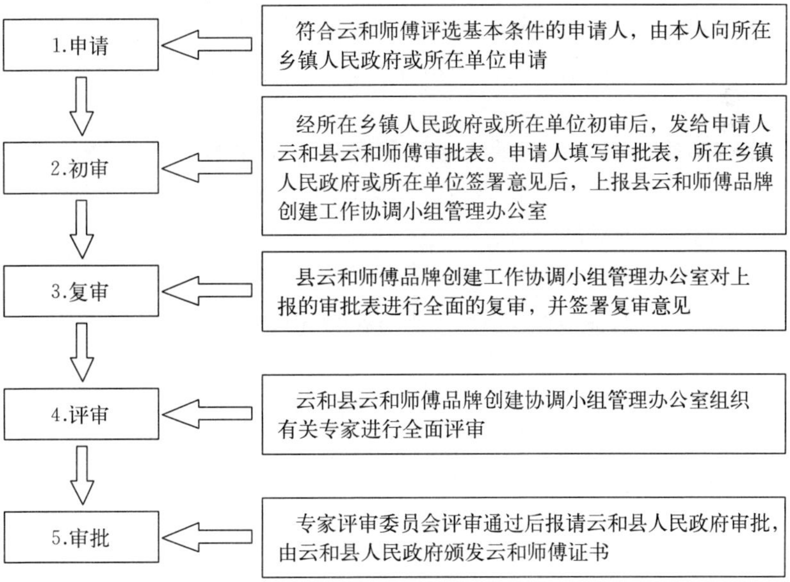

云和师傅认证流程

（三）品牌宣传

向国家工商行政管理总局申请注册了5大类50个类别的云和师傅技术项目。云和师傅商标先后荣获省、市、县著名商标称号和质量名牌，提高了品牌含金量和市场可信度。通过出版书籍、采编典型、创作歌曲、排演小品等形式，对云和师傅先进人物、典型事迹进行全面宣传报道，提高了云和师傅的社会知名度和美誉度。同时，利用云和师傅远教网，搭建起网络宣传推介平台。

（四）规范管理

先后制定了《云和县关于加强云和师傅品牌工作的若干意见》《云和师傅管理制度》《云和县云和师傅证书颁发和管理实施办法》《异地综合开发管理制度》《异地特色产品安全生产管理制度》等8项规范性管理制度，系统有效地规范了云和师傅的管理。坚持每年与云和师傅签订行为承诺书，规范约束其行为，自觉维护云和师傅品牌声誉。强化工作考核，将品牌建设工作作为乡镇（街道）“一把手”工程，列入年终考核范围，确保品牌建设工作顺利进行。

（五）跟踪服务

1. **维权服务** 及时为云和师傅提供法律援助，帮助其维护合法权益。2005年以来，共解决各类大小纠纷案件300余件次，挽回经济损失近千万元。

2. **技术服务** 先后20余次组建技术考察团，赴省内外32个市县进行考察慰问。通过电话、微信、农民信箱等方式，为云和师傅提供技术支持，帮助解决技术难题。

3. **留守服务** 以乡镇劳动力援助服务中心为平台，携手“老李帮忙团”党员志愿服务团队，给云和师傅的留守父母和子女建立档案，实行跟踪服务，消除云和师傅外出的后顾之忧。

专栏1 毛荣理：云和师傅的守护人

毛荣理，曾在乡镇、县委宣传部、县文联、县文化局、县劳动局等单位担任领导职务。2001年，他从县农业局党委书记岗位上退居二线后，没有像其他同志一样“享清福”，而是继续留任云和县劳动力转移办公室。2005年，第一届云和师傅协会全体会议召开，云和师傅协会正式成立，毛荣理当选为会长，并连选连任至今。2006年退休后，因云和师傅品牌建设需要，县里继续聘任他担任县劳动力转移办公室主任，负责全县农业培训、转移、就业和云和师傅品牌建设工作。

云和师傅走到哪里，哪里就会留下毛荣理的足迹；哪里有纠纷，毛荣理就会奔赴哪里。他给异地创业的云和师傅送去党和政府的关怀，维护他们的合法权益。2006年，在毛荣理的努力推动下，云和师傅国家商标注册成功。毛荣理在云和师傅的发展过程中扮演着不可或缺的角色。

三、实现向创业致富带头人品牌转变

如果说2004—2014年，是打造云和师傅劳务品牌的起步、发展和壮大阶段，那么2015年至今，则是云和师傅转型提升阶段，实现由劳务品牌向创业致富带头人品牌的转变。这一品牌的转变，正缘于云和县构建“培训、带贫、激励、考评”四位一体的创业致富带头人培育体系所产生的效果。

（一）构建创业提升培训体系

1. 精准确定培育对象　按照“自愿报名、乡镇推荐、择优选拔”的原则，2016年年初，云和县开展了创业致富带头人培育对象申报建库工作，实行“三选”：从云和师傅中选，从村干部中选，从新型职业农民中选。通过层层筛选，全县选拔了206名创业致富带头人作为培育对象，涉及茶叶、食用菌、中药材等8个农业产业，以及农家乐民宿、来料加工、电子商务等新兴产业。按照“一人一卡、一村一表、一镇一册、一县一库”的要求，建立了创业致富带头人遴选信息库，并实行信息化动态分类登记管理。目前，云和已对现有包括6 000多名后备云和师傅在内的云和师傅全部实行分类登记，实现了信息化管理，为有针对性地开展精准扶贫、帮带更多的低收入农户奠定了基础。

2. 建立分级培训网络体系　依托云和5所县级农业专业技能培训学校、13个创业孵化基地、10所乡镇（街道）农村实用人才培训学校，以及农民网络学院等培训资源，构建起学校、基地、网络三维分级培训网络。实行了“八分八统一”培训模式：分阶段，统一制订培训工作计划；分层次，统一签订培育管理责任书；分班次，统一召开培训业务会议；分需求，统一编辑出版培训教材；分级别，统一调度师资力量；分专业，统一组织异地参观考察；分类别，统一调拨使用培训资金；分等级，统一考核评比表彰先进。

3. 改进培训内容和教学方式　创业提升培训时间为20天，其中集中授课5天，市场考察3天，特色活动2天，帮扶带动实践10天。培训内容在原来云和师傅技术课程基础上，增设了扶贫政策、扶贫责任、创业激情、创业理念、创业能力和创业政策等方面的课程。培训方式灵活，采取导师辅导、基地实践、咨询答疑、考察学习、技能竞赛、互动活动等6种方式。对培育对象参加有关培训学习实行学分制量化管理，通过累计学分方式，量化致富带头人参加学习培训情况，形成致富带头人培育的长效机制。

专栏 2　云和县创业致富带头人学分制培训方法

扶贫致富带头人培训学分制工作由县扶贫致富带头人培育工作领导小组统一领导，领导小组下属的培育工作办公室负责日常工作，各培训基地紧密配合实施。扶贫致富带头人学员参加培训的累计学分情况列入乡镇（街道）农训办的年度目标考核内容，每年 11 月底县培育工作办公室召开碰头会，认真审核、确认、汇总本年度培育对象和扶贫致富带头人参加学习培训情况，并按规定折算出相应分值。

学分实行百分制，以一学年累计 15 天为期，以参训 1 天为计算单位。具体记分标准：参加村级专业培训学习 1 天记 4 学分；参加基地生产实践 1 天记 4 学分；参加乡级专业培训学习 1 天记 5 学分；参加县级专业培训学习 1 天记 6 学分；参加省市级专业培训学习 1 天记 8 学分；以此依次类推。此外学历教育培训和涉农职业技能培训为加分项目。在本年度内经培训学习获得涉农职业技能资格证书或农村“两创”实用人才培训合格证书，计 7 天培训时间可记 42 学分；在本年度内参加高中、中专、大专、本科等学历教育的，凭培训学校证明，按 10 天培训时间记 60 学分。

4. 建立农民网络学院开展在线学习　2016 年年初，云和县人民政府与浙江农林大学中国农民发展研究中心、浙江万企动力教育科技发展有限公司合作，共同打造了一个帮助农民创业的网创平台——云和农民网络学院。云和师傅及致富带头人全面接入网络学院线上接收受训作业。来自浙江农林大学、浙江大学、北京大学等国内外高校大量师资，成为学习培训、在线互动、在线考试等七大板块的构建者，授课内容包括农业产业、电子商务、旅游农家乐等已经本土化的 200 多门课程。分布国内各地的云和师傅，特别是 2017 年在云和师傅基础上选拔的创业致富带头人，随时随地都能通过网络实现充电。出于实施跨区域精准扶贫的考虑，对这部分学员的学分做了特别的设置，增加了他们的扶贫责任感和使命感。

5. 组建扶贫创业导师团　聘请高等院校知名专家，尤其是农业产业、农家乐民宿、电商等方面的专家，组成扶贫创业导师团，组成了一支涉及多个产业门类、共计 63 人的扶贫创业导师队伍，帮助云和师傅由过去的技术劳务输出变返乡回归创业扶贫。

（二）构建创业扶贫带动体系

1. 精准审核低收入农户帮带对象　2016年以来，为推动云和师傅品牌向扶贫品牌转化，云和县根据低收入农户的收入及致贫原因，将全县的低收入农户划分为低保五保户、低保边缘户、支出性返贫户（因病、因灾、因学等因素导致支出大于收入的支出返贫户）等3类，并采取分类建库。县里采取“两走访、一评议、两公示、一抽查”的工作方式，对全县农户进行地毯式排摸，确定了3类低收入农户群体共2 230户5 690人。同时，专门开展了扶贫创业致富带头人带动的低收入农户精准调查核实工作，对带头人带动的低收入农户进行精准调查与核实。目前，已确定符合条件由带头人帮扶带动的低收入农户693户1 815人，占全县低收入农户总量的32%。

2. 建设创业扶贫示范孵化基地　云和县在88个扶贫重点村中，选择云和西弄、三门等4个致富带头人相对较多的村，进行先行培育和扶持，将其打造成扶贫创业致富示范村。同时，在88个扶贫重点村中，筛选出13个产业发展基础条件较好村，作为扶贫创业孵化实训基地，并制定了孵化基地管理制度，为本县低收入农户发展产业或自立创业提供实训、指导、体验等服务。

3. 建立“百师扶贫助千家”结对帮扶机制　为进一步发挥云和师傅的技术优势和创业引领“带贫”作用，促进低收入农户稳定增收、精准脱贫，云和县建立起“百师扶贫助千家”结对帮扶机制，择优挑选100名有能力、懂技术、热心扶贫的云和师傅，采取“一师带十户”的结对帮带方式，在资金、技术、服务等方面对低收入农户进行扶持。针对农户致贫实际，因人因户因产业施策，积极开展“五送”扶贫——送技术、送种苗、送岗位、送资金、送服务，帮助低收入农户落实创收项目，增强自我发展能力，建立稳定增收机制。一年多来，县云和师傅协会携百余位云和师傅致富带头人，捐赠了价值近30万元的种子种苗，筹集扶贫公益善款15万余元，为低收入农户提供了120余个就业岗位，预计可为低收入户直接增收600万元。

4. 开展帮扶大赶集活动　云和创新举办了低收入农户帮扶大赶集活动，由扶贫致富带头人为低收入农户直接面对面地提供资金、技术等方面服务。仅2017年，就为300户低收入农户免费和让利销售化肥1.15万千克、鸡鸭苗1 862只、茶叶苗6 060株、果苗2 790株、蔬菜苗11 400株、中药材种子520千克等农资，营造了精准扶贫、精准服务的社会氛围。

5. 向外地推介致富带头人　云和师傅协会积极向县外推介创业致富带头人。一大批云和师傅被邀请到四川、河南和本省有关县市等地，或参与技术入股，或被聘为政府产业发展顾问。如2016年，宁夏回族自治区贺兰县开出24

万年薪聘请云和师傅前往该县贫困乡镇进行食用菌技术指导。如此技术邀请，使云和师傅异地发展由劳务输出向技术输出转变，间接推动了一些中西部贫困地区的产业精准扶贫。根据云和师傅创业分散在中西部地区的实际情况，云和县在四川、陕西、湖北等等组建了 5 个县市联络处和 62 个乡镇联络站，为云和师傅实现跨区域精准扶贫创造了条件。

（三）构建政策合力支持体系

县政府专门出台了《云和县推进扶贫创业致富带头人培育工程促进低收入群体增收若干政策》，在金融贷款、带动低收入农户增收、促进低收入农户就业、低收入农户创业等方面给予补助。县扶贫办专门制定了扶贫创业致富带头人产业贷款贴息办法，每户可享受 20 万元以内贴息贷款。县农训办建立了与扶持政策挂钩的带动激励机制，按带动贫困户数量和增收脱贫效果给予相应的奖励。同时，还制定了低收入农户创业致富评定标准。县农办出台了云和师傅返乡二次创业优惠政策，进一步助力云和经济发展。在上述政策激励下，近 3 年，有一大批云和师傅返乡创业、投资兴业，由劳务输出“达人”变为回归创业老板或致富带头人。

云和县整合经贸、妇联、乡镇等各方力量，合力推进创业扶贫工作。县扶贫办加大资金投入，开展种苗、农资入户活动，增加低收入农户发展动力和信心。县妇联加大来料加工示范点建设，吸纳更多的低收入群体就业，增加收入。县农业局利用电子商务和各类展览会开展农产品展示展销，帮助拓宽销售渠道。云和师傅协会采取建基地、结对子、师带徒等方式，在资金、技术、服务等方面帮扶低收入农户脱贫致富。

（四）构建培育工程考评体系

县政府专门制定了《云和县扶贫创业致富带头人培育工程实施方案》，对培育工程的目标任务、时间安排、保障措施等提出了明确要求。县里专门成立了扶贫创业致富带头人培育工作领导小组。核定 5 名事业编制，专门成立县农训办，并择优选聘 10 名乡镇（街道）专职农训办主任，在行政村组建农民培训转移工作站，全面构建了县、乡、村 3 级培训组织体系。明确县农办和各乡镇（街道）全面负责扶贫创业致富带头人培育工程。培训环节由培训机构负责组织实施，创业带动、考核验收由县培育办公室和乡镇（街道）负责，政策扶持由县农办负责兑现。

云和县将培育工程纳入县委、县政府重点工作督查范围。县政府与各乡镇、各县直部门，各乡镇与各行政村签订了培育工程责任书，形成了县、乡镇（街道）、村联动的责任落实工作机制。此外，制定了创业致富带头人带动低收入农户的考核机制，要求致富带头人与低收入农户签订帮带责任书，确定创收项目，具体落实种子种苗、资金帮扶、项目发展、技术指导、产品销售、提供就业岗位等6项措施。年终，各乡镇（街道）按增收标准和帮扶措施，组织进村入户验收，合格后给予扶持资金兑付。

四、效果与作用

（一）培育了一批创业致富带头人

云和县适时出台了《鼓励支持云和师傅返乡二次创业若干政策》《关于实施扶贫创业致富带头人产业贷款贴息工作的通知》等政策，吸引大批云和师傅回乡创业，争当扶贫创业致富带头人。目前，全县已有206名创业致富带头人作为培育对象，通过层层筛选并正式建档入库。这206名创业致富带头人涉及食用菌、茶叶、中药材等8个农业产业，以及农家乐民宿、来料加工、电子商务等新兴产业（表2）。

表2　云和县206名创业致富带头人专业分布

专业技术类型	创业致富带头人（人）	占总人数比例（%）
食用菌	23	11.2
茶叶	31	15.0
电子商务	1	0.5
养殖	17	8.3
水果	23	11.2
中药材	12	5.8
商贸	19	9.2
民宿建筑	17	8.3
玩具	11	5.3
其他	52	25.2
合计	206	100.0

（二）带动低收入农户脱贫效果明显

近两年全县致富带头人向低收入农户累计赠送种子、雏禽、化肥等农资共计25.5万元；帮助低收入农户发展食用菌200万袋、茶叶132亩、雪梨300亩、中药材110亩并提供技术指导服务，带动低收入农户年均增收15%。此外，充分利用致富带头人的经济实体以及公益性岗位等，优先安置低收入农户劳动力就近就地就业。据初步统计，创业致富带头人已为低收入农户提供就业岗位212个，云和县为低收入农户安排公益性岗位150个，使他们有了较稳定的收入来源。

专栏3 栾少波：一味畲药治“穷根”

创业致富带头人栾少波，2012年在云和县雾溪乡成立浙江望景畲药发展有限公司云和分公司，主营中药材种植、销售，农副产品收购、加工、销售和观光农业。栾少波投资300多万元，开发种植百合、白术、玉竹、元胡等中药材基地900余亩，年产值达450余万元。他招收了30余村民到基地打工，其中不乏低收入农户。这些村民年龄多为60～75岁的留守老人，女工一天70元，主要从事施肥、挖中药材等工作；男工一天100元，主要从事开土、开沟等工作。以前，除了种地，这些农民几乎没有其他经济来源，自从到基地务工后，一年可以领到5 000～10 000元的务工工资。凡到基地务工的低收入农户，都摘掉了贫困帽子。

（三）云和师傅在跨区域精准扶贫中的带头人作用越来越大

近几年，云和师傅的“外聘”和“回流”呈现双重加速趋势。截至目前，云和县共有1.46万名农民走上了异地开发“淘金路”，65%以上的农村劳动力实现转移就业。云和师傅扶贫品牌的转化在国内其他地方也已启动，他们在跨区域精准扶贫中的带头人作用越来越大；反过来，也助推云和师傅这一品牌在中西部地区获得更大的影响力。

专栏4 云和师傅产业帮扶走天下

2016年3月4日，又一批42名云和师傅坐上包车，奔赴湖北省黄梅县，成为当地农村的技术工。当地农村食用菌行业不景气，农民渴望致富，把希望寄托在云和师傅身上。该县已投入2 000万元布局食用菌行业，花费了200多万元采购食用菌生产设备，还新开辟300多亩土地建起现代化菇棚，等待云和师傅的技术帮扶。

在贵州省凯里市镇远县江古镇，作为扶贫创业致富带头人的云和师傅梅海斌，帮助指导当地606户农户从事食用菌种植，每户年增加收入5万元，当地政府为此奖励他60万元。

五、有待进一步完善的几个方面

（一）进一步优化云和师傅的产业分布和年龄结构

长期以来，云和县的云和师傅“行当”一直以食用菌和传统种养业为主。近些年，随着经济发展和产业结构调整，对于玩具加工、民宿、电商、商贸等农村第二、三产业的云和师傅需求逐渐上升。另外，最早的一批云和师傅年龄已经偏大，培养一批年富力强、适应现代信息化技术要求的云和师傅迫在眉睫。

（二）进一步完善创业致富带头人的支持鼓励政策

云和县人民政府目前已针对性地出台了一系列的鼓励政策，但相对来说激励力度还不够大，更多的是依靠云和师傅自身的社会责任感。为了进一步有效推动云和师傅由劳务品牌向扶贫品牌的转化，应该进一步加大对创业致富带头人在产业选择上的引导和资金上的支持，完善特色产业发展软硬件建设扶持措施。同时，对带动低收入农户脱贫致富取得显著成效的创业致富带头人，可采取以奖代补方式加大奖励力度。

（三）进一步做好跨区域发展对接协调工作

经过多年的努力，目前云和师傅已经完成了原始的资本、技术、人脉等积累，也带动培育了国内很多地区的同类企业和经营个体。激烈的市场竞争让国内一些地方筑起地方保护主义的围墙，云和师傅在一些竞争激烈的地方不能享受平等竞争的待遇，影响了云和师傅在外省、外地区生存与发展。除了云和师傅品牌“打铁需要自身硬”以外，云和县政府需要进一步扮演好推介者、联络者的角色，加强云和师傅创业致富带头人的推介力度，做好与外地政府的协调对接工作，进一步发挥各类市、县级联系处和乡镇联络站的作用。

（四）提升低收入农户的主观能动性

在实施创业扶贫致富带头人培育工程中，要注重加强低收入农户的素质教育，帮助他们转变思想观念，提高文化技术素养，克服“等靠要”思想，激发他们的内生动力和主观能动性，依靠自己双手实现脱贫致富。

【点评】云和师傅是浙江省丽水市云和县多年精心打造且经国家商标注册的农村劳务品牌。云和师傅之所以被选入全国创业致富带头人典型案例，是缘于近两年云和师傅实行了由劳务品牌向扶贫品牌的转变，走出了一条全国特有的“云和师傅十创业扶贫”的新路子。本案例重点回答了两个问题：①云和师傅是如何培育出来的？②云和师傅如何实现由劳务品牌向创业致富带头人品牌的转变？第一个问题的回答给我们的启示是，政府在开展农村乡土人才培育方面，可以实施品牌战略，打造具有地方特色的乡土人才品牌。第二个问题的回答给我们的启示是，政府在脱贫攻坚中实施贫困村创业致富带头人培育工程，可以与农村乡土人才培育有机结合起来，在打造地方特色乡土人才品牌的同时或过程中，注入创业要素，强化扶贫社会责任，把优秀乡土人才培养成致富带头人，发挥他们在脱贫攻坚中的“带贫”作用。这就是本案例“云和师傅十创业扶贫”模式的精髓。

云和县的“云和师傅十创业扶贫”模式和经验做法，并不受地域条件限制，其他地区可复制、可推广。当然，这主要取决于地方政府的决心、理念和作为。

调 研 组：王海涛　陈平路　燕东彦
原稿提供：浙江省扶贫办
编写执笔：陈平路　燕东彦
点　　评：王忠贤

思考题

1. 如何学习借鉴云和县的经验与做法，结合本地区实际，创建类似于“云和师傅”的乡土人才品牌？

2. 如何从本地乡土人才中择优挑选创业致富带头人，通过提升培育建立起有效的“带贫”机制，充分发挥他们在脱贫攻坚中的“带贫”作用？

案例7　打造有机农业综合体 助力"两业"精准扶贫

——湖北省英山县神峰山庄回归创业扶贫模式

华中科技大学（中国·南方）减贫与发展研究院案例编写组

【导读】湖北省英山县先秾坛生态农业有限公司（神峰山庄）在脱贫攻坚创业扶贫中，全力建设和打造集"有机循环农业＋食品加工物流＋都市门店直销＋乡村旅游观光"为一体的、三次产业融合的有机农业综合体，带动周边35个村11 000多农户（含8个贫困村1 000多贫困户）参与到有机农产品的生产、加工、销售和乡村旅游等各环节中来，创新"带贫"机制，助力"两业"扶贫（产业扶贫和就业扶贫），使建档立卡贫困村、贫困户通过神峰山庄的创业带动实现稳定增收、精准脱贫。本案例将先秾坛公司这一颇具特色的贫困山区投资创业带动精准扶贫的经验做法，称为神峰山庄回归创业扶贫模式。

一、背景与概况

湖北先秾坛生态农业有限公司（以下简称先秾坛公司）是黄冈市英山县2013年招商引资注册成立的一家民营企业。先秾坛公司总部及产业园核心区设在英山县神峰山下的孔家坊乡新铺村，故该公司及旗下实业又称神峰山庄。

英山县是鄂豫皖大别山革命老区县、国家扶贫开发工作重点县、大别山集中连片特困地区片区县。全县辖区面积1 449千米^2，辖3乡8镇309个村，总人口40.9万人，其中乡村人口34.33万人。全县2013年建档立卡贫困户3.9万户10.68万人，贫困发生率31.1%；建档立卡贫困村78个，占行政村总数25.2%。据分析，在建档立卡贫困户中，除9 418户（约占24%）属无劳、弱劳户需要实行低保兜底以外，其余76%的贫困户需要通过产业带动和就业增收才能实现脱贫。于是，如何在因地制宜发展特色产业基础上有效推进"两业”扶贫（即产业扶贫、就业扶贫），为建档立卡贫困户提供更多的增收机会，成为英山县打赢脱贫攻坚战亟须解决的一个突出问题。

多年来，英山县的特色产业开发风生水起，是湖北乃至全国闻名的茶叶之乡、蚕丝之乡、中药材之乡。尽管如此，这三大产业的发展如今都面临着较大挑战。目前全县茶园面积已达到25.3万亩，药材面积达到17.3万亩，均趋于“饱和”状态。原来一些贫困户已经通过种茶、种药材增了收、脱了贫；而现在的建档立卡贫困户如果再“跟风”种茶、种药材恐怕难以奏效。20世纪90年代中期，英山县的桑园面积曾达到7.5万亩，“蚕丝之乡”名副其实；后随着国内国际市场变化，丝贱伤农，农民大面积砍桑种粮，从此蚕丝产业一蹶不振，全县桑园面积锐减至目前的1.9万亩。基于以上情况，在脱贫攻坚中，英山县的特色产业开发如何寻找新的突破口，如何培植新的增长点，这不仅关系到全县广大农民是否有新的增收来源，而且关系到全县9.5万有劳动能力贫困人口和78个贫困村的精准脱贫是否有新的增收载体或产业支撑。

英山县神峰山下的孔家坊乡，是一个农业人口只有2.5万人、人均仅0.6亩地、贫困发生率高达31.3%的贫困山区乡镇。全乡1.64万亩耕地中，已开发的茶园面积占耕地面积53%；其余47%的耕地基本上是传统的粮食、油料作物种植，农民增收缺乏新增长点，部分群众生活仍然比较困难。家乡的贫困和对故土的眷念，使得在外打拼10多年的孔家坊籍企业家、北京大医传承生物科技有限公司董事长闻彬军萌生了回归创业、建设家乡的念头。在英山县及孔家坊乡政府的诚邀下，2013年年初，由北京大医传承生物科技有限公司作为主要投资方的湖北先秾坛生态农业有限公司，在孔家坊乡新铺村正式成立，闻彬军出任总经理。

先秾坛公司充分利用英山县地处大别山腹地、山清水秀、空气清新、无任何工业污染的生态环境优势，将企业发展核心战略定位在开发高价值的山区有机农业上，全力建设和打造“有机循环农业＋食品加工物流＋都市门店直销＋乡村旅游观光”为一体的、多产业融合的有机农业综合体。以有机农业综合体为支撑载体，在企业赢利的同时，带动神峰山周边的农村、农户，特别是建档立卡贫困村、贫困户参与到有机农产品的生产、加工、销售和乡村旅游等各环节中来，把企业创业带动精准扶贫做实，使贫困村、贫困户通过神峰山庄“两业”（特色有机农业和就近就地就业）实现稳定增收、精准脱贫。本案例将先秾坛公司这一颇具特色的贫困山区投资创业带动精准扶贫模式，称为神峰山庄回归创业扶贫模式。

2013—2017年，先秾坛有机农业综合体——神峰山庄，由小到大，滚动发展，固定资产达到1.6亿元；开发了6 500亩有机果蔬基地，形成了环神峰山21千米生态休闲农业观光带；建成了冷链物流配送中心、先秾食品科技园、可接待800人的培训及会议中心；组建了两个专业养殖合作社（先秾坛黑禧猪养殖专业合作社、先秾坛眼镜山鸡养殖专业合作社）；在武汉、合肥、黄石、鄂州等城市设立神峰山庄都市农乐园直营中心80个；累计举办培训班68期，培训农村创业致富带头人、贫困户和企业农民职工8 600多人次。

2017年，先秾坛公司实现销售收入3.4亿元，采取“公司＋村自强互助合作社＋贫困户”组织机制，带动神峰山周边7个乡镇35个行政村的11 167户农户（其中建档立卡贫困户1 003户）发展有机蔬菜和特色养殖业；安排青年农民810人（其中建档立卡贫困户农民285人）在神峰山庄直属企业及都市农乐园上班就业；安排农村中老年留守农民约2 000人（其中建档立卡贫困户农民1 560人）在神峰山庄有机果蔬基地就近务工。由先秾坛公司直接对接帮扶的1 003户建档立卡贫困户（3 086人），通过“两业”扶贫带动，已分别于2016年、2017年实现脱贫。

二、模式的基本内涵和主要做法

（一）选择并做大山区有机农业，为实施产业精准扶贫提供支撑

神峰山庄的创业兴业，没有“跟风”英山县三大传统产业（茶叶、桑蚕、中药材），也没有选择搞“高大上”的资本密集型、技术密集型产业，而是另辟蹊径，充分发挥大别山腹地“青山绿水好空气、水质土壤无污染”的生态环境优势，把企业的核心产业定位在发展山区有机农业上。做出这样的产业选择，主要基于以下两点考虑：①避免产业趋同，提高市场竞争力。以绿色、安全、健康、养生食品消费市场为导向，实行差异化发展战略，把眼光盯住城市高端有机农产品需求细分市场。②确保产业“接地气”，贫困农户能参与。有机农产品的生产（如有机菜、有机果、有机猪、有机鸡、有机鱼的生产），严格禁止使用人工合成的化肥、农药、生长调节剂、畜禽饲料添加剂等，采用有机肥和动物排泄物满足作物营养需求，以及采用有机饲料满足畜禽营养需求。从这个意义上来说，它就是山区农民祖祖辈辈所沿用、所传承的原生态农业生产技术方式。由于有机种植业、养殖业基本上属于劳动密集型，技术门槛不高，山区农民都可参与，所以将有机农业作为扶贫产业是适宜的，它可带动有劳动能力的建档立卡贫困户参与其中，从而最大限度地培养和发挥贫困户的内生动力和自我发展能力，实现增收脱贫。

目前，神峰山庄着力做大的有机农业是：①有机园艺果蔬。公司在35个村建成有机蔬菜、水果基地35个，现种植面积6 500亩，年产销有机蔬菜10 950吨。②山区黑土猪——黑禧猪。公司已发展定点规模养猪户300多户，

2017年出栏黑禧猪5 000头。③林下散养眼镜土鸡。2017年出栏散养土鸡15万只。④有机水产品（甲鱼、小龙虾等）。在上述有机农产品生产过程中，实行严格的质量标准控制，保持品种品质的原生态。积极推行有机循环模式，如“猪—沼—菜”“果茶林—散养鸡—菜（鱼）”等，使资源得到循环、综合利用。

（二）建立“公司＋自强互助脱贫合作社＋贫困户”“带贫”机制，提高贫困户参与产业发展的组织化程度

为了把产业发展与精准扶贫有机结合起来，先秾坛公司（神峰山庄）本着产业基地建在哪个村，就与该村的自强互助脱贫合作社紧密合作，建立起“公司＋自强互助脱贫合作社＋贫困户”的“带贫”机制。根据种植业和养殖业的不同特点，主要采取以下两种产业扶贫利益联结机制：

1. 园艺种植业“土地流转＋基地务工”“两金”（租金＋薪金）扶贫机制 先秾坛公司通过各村的自强互助脱贫合作社，与村里的贫困户签订土地流转合同，流转贫困户承包土地的经营权，由公司统一开发建设、管理经营有机蔬菜、有机水果生产基地。土地流转费为每亩每年250千克稻谷，按当年稻谷市场价格或政府保护收购价格就高不就低折算支付，贫困户可“旱涝保收”得到土地流转租金。此外，土地流转合同约定，优先安排贫困户劳动力在果蔬生产基地打工，一天60～80元，一般每个贫困户劳动力一年可获得基地务工收入1.5万元左右。3年来，先秾坛公司先后与神峰山周边的2 283户农户签订土地流转合同，共流转土地6 500亩；其中贫困户852户、2 057亩。

2. 特色养殖业“公司＋专业合作社＋自强互助脱贫合作社＋贫困户”“两社”带动扶贫机制 先秾坛公司牵头成立了先秾坛黑禧猪养殖专业合作社、先秾坛眼镜山鸡养殖专业合作社，并通过各村的自强互助脱贫合作社，带动1 000余户建档立卡贫困户发展黑禧猪养殖和林下散养土鸡，并签订相应的种养合同。公司及专业合作社负责统一原生态良种繁育，统一提供猪崽、鸡苗，统一技术指导服务，统一饲养方式管理，统一标识跟踪监督，统一按高于市场价收购出栏畜禽；贫困户只负责饲养，不愁买，不愁卖。先秾坛公司还为有贷款意愿的贫困养殖户提供保证，通过签订五方协议（乡政府、金融机构、市场主体、村民委员会、贫困户），帮助贫困户获得“两免一贴”扶贫小额信用贷款，以解决生产资金缺乏问题。

（三）构建有机农业农工商旅综合体，为农村贫困劳动力提供就地就近就业机会

先秾坛公司在培育壮大有机循环农业的基础上，着力打造和延长产业链

条，推进第一、二、三产业深度融合，构建起以有机农业为基础的“生产基地＋加工配送＋门店直营＋山庄旅游”的农工商旅综合体。首先，投资兴建了先农食品加工厂、中药材科技产业园和先农传统“六坊”（酒坊、豆腐坊、油坊、茶坊、腌菜坊、炒货坊），把现代食品加工科技与传统加工技艺有机结合起来。其次，投资兴建有机农产品和食品物流中心，建立起神峰山庄自营的冷链物流运输体系。再次，在武汉、合肥、黄石、鄂州等大中城市开设了 80 家神峰山庄都市农乐园门店，实行公司自产有机农产品和加工品的直营直销。最后，走农旅结合路子。公司投资兴建了 10 栋四合院、8 栋别墅、食药同源餐厅、大别山剧场、先秾坛广场、会议中心等，以及旅游大巴车队，一次性可接待 800 人的食、住、行、游；开发了大别山生态农业体验游、革命老区红色游、乡村风情休闲游、历史文化观赏游等旅游综合线路，走农旅结合的发展路子。2017 年，神峰山庄共接待游客 30 多万人次，旅游收入过亿元。

神峰山庄以有机农业为基础的农工商旅综合体的构建，不仅拉动了地方经济，而且为孔家坊乡及周边的农村劳动力特别是贫困户劳动力，提供了就地就近就业的机会。目前，在先秾坛公司总部及加工配送、门店直营、山庄旅游服务等岗位上就业上班的当地农民员工共有 810 人，其中建档立卡贫困户劳动力 285 人。

（四）围绕产业链条人才需要，实施多层次多形式的创业就业培训

（1）开展致富带头人培训。2015—2017 年先秾坛公司采取独立举办和与地方政府联办方式，共举办村干部、农民专业合作社、种养大户培训班 16 期，培训致富带头人约 3 000 人次。

（2）开展贫困农民实用技术培训。近两年来共举办有机蔬菜种植、果树栽培、黑禧猪养殖、眼镜山鸡养殖等各种专题和现场实用技术培训 24 期（次），培训建档立卡贫困户劳动力 3 089 人次。

（3）依托先秾大医集团商学院，开展山庄农民员工和营销人员综合素质培训和岗位培训，使之能适应就业岗位需要。近两年共举办培训班 28 期（次），培训企业农民员工 2 600 多人次。多层次多形式的创业就业培训，为公司打造有机农业综合体、实施“两业”扶贫提供了人才、技术支撑。

三、改善回归创业扶贫环境

地方政府和相关方面对包括神峰山庄在内的市场主体创业扶贫，给予了积极支持，使企业的自身成长与“带贫”发展的外部环境得到很大改善。

（一）政府多项措施支持，切实改善神峰山庄回归创业扶贫环境

（1）改善基础设施条件。县、乡两级政府投入数百万元，修通和扩宽了可通大巴车的20多千米有机农业基地观光循环公路，并兴修一座联通神峰山庄的跨西河桥梁。

（2）成立“一事一办”工作专班，专为神峰山庄处理或办理发展中需要协调的重要事项和项目建设。如2016—2017年乡政府成立了8个专班，指定专人负责土地流转、循环道路建设、游客中心建设、蔬菜基地扩展、神峰山旅游点建设、养生小镇前期筹备等项目协调服务工作，为神峰山庄发展排忧解难。

（3）县、乡两级政府分别派两名科局级干部长期进驻和联络神峰山庄，专门负责指导和及时解决企业创业发展中的实际困难和问题。

（二）成立自强互助脱贫合作社，为产业扶贫精准到户搭建对接桥梁

为了提高建档立卡贫困户的组织化程度，抱团参与产业开发，英山县政府于2016年印发了《关于进一步规范村级自强互助脱贫合作社建设的指导意见》，对全县行政村（包括建档立卡贫困村）成立村级自强互助脱贫合作社进行了统一部署。村级自强互助脱贫合作社属非营利性社团组织，由县民政局社团登记机关办理社团法人登记。村级自强互助脱贫合作社为一村一社，社员是村里全体有劳动能力的建档立卡贫困户。合作社理事长由村党支部书记担任，以强化村党支部的扶贫领导责任；驻村工作队长或联村干部担任合作社监事长。按照“村企共建”产业发展思路，每个村级自强互助脱贫合作社至少对接一个市场主体，以形成“市场主体＋自强互助脱贫合作社＋贫困户”产业扶贫组织机制。合作社代表村里的贫困户，负责做好与市场主体的协商、协调和对接工作，如土地流转及租金、务工安排及报酬、种子种苗、农产品收购等事项。英山县的村级自强互助脱贫合作社是一种扶贫机制创新，它一方面提高了贫困户的组织化程度，另一方面搭建起了贫困户与市场主体（致富带头人）对接的中间桥梁，为产业精准扶贫的实施落地提供了一种组织保证。神峰山庄正是依托村级自强互助脱贫合作社与35个村建立起创业扶贫合作关系，比较顺利地形成了“神峰山庄＋自强互助脱贫合作社＋贫困户”的产业发展“带贫”机制。

（三）设立神峰山庄金融扶贫工作站，为创业扶贫提供金融服务支持

2016年英山农村商业银行孔家坊乡支行在神峰山庄设立了神峰山庄金融

扶贫工作站，为神峰山庄帮带的贫困村、贫困户发展有机农业提供扶贫小额信贷服务。金融工作站对辖区内的2 959户建档立卡贫困户全部进行了评级授信。其中，对郑家冲村、新铺村、孔家坊村的110户有劳动能力贫困户全部建立了信用电子档案，分别每户给予贷款授信3万～5万元。英山县政府建立了2 000万元的扶贫小额信贷风险基金，并对贫困户小额贷款推行五方协议合作方式，由乡镇政府、市场主体（如神峰山庄）、银行（如农商行）、保险公司、贫困户共同签订“产业精准扶贫到户到人五方协议书”，明确各自责任或义务[其中约定市场主体（如神峰山庄）承担对贫困户发展产业的帮带责任和收益指标]，以确保贫困户的小额贷款能贷得到、用得好、还得上。此外，根据神峰山庄直接带动贫困户1 003户发展特色种养业的情况，2016年金融工作站给予神峰山庄1 000万元的贷款扶持（即扶贫贴息贷款和支农再贷款各500万元），以支持神峰山庄的创业发展和“两业”扶贫。

（四）实行产业扶贫财政奖补政策，激励贫困户加入自强互助脱贫合作社并参与产业发展项目

2016年，英山县政府出台了《英山县“村级自强互助脱贫合作社＋建档立卡贫困户”一体化产业扶贫模式财政奖补实施办法（试行）》。对参加村级自强互助脱贫合作社的建档立卡贫困户发展产业项目，根据其（种植、养殖等）面积、数量，给予财政扶贫资金奖补到户。产业扶贫奖补到户范围，主要包括种植业（茶叶、中药材、蔬菜、食用菌、粮油、马铃薯、油茶、苗木、花卉、林下经济以及其他种植业）、养殖业（猪、羊、牛、家禽、水产以及其他养殖业）等。奖补政策的出台，极大地调动了有劳动能力贫困户在市场主体（如神峰山庄）带动下参与产业发展的积极性。

专栏1 英山县产业扶贫奖补到户范围和标准

（1）一般种植业。贫困户种植水稻、油菜、马铃薯、水果（桃、梨、橘、杏、番茄、葡萄等），补助100元/亩；发展大棚蔬菜，补助500元/亩；发展露天蔬菜，补助150元/亩；发展食用菌（香菇、平菇、木耳及其他菌类），补助1元/筒；发展其他种植业，可比照相近的项目奖补标准执行。

（2）茶叶产业。贫困户新发展茶叶产业基地，补助500元/亩；改造茶叶产业基地，补助200元/亩。

（3）中药材产业。贫困户种植苍术，补助300元/亩；种植茯苓，补助5元/窖；种植天麻，补助800元/亩；发展草本、木本等其他中药材产业，可比照相近的项目奖补标准执行。

(4) 畜牧养殖业。贫困户养殖存栏能繁母猪，补助300元/头；养牛存栏，补助300元/头；养殖生猪出栏，补助150元/头；养羊出栏，补助100元/只；养禽类（鸡、鸭、鹅等）出栏，补助10元/只；发展其他畜牧养殖，可比照相近的项目奖补标准执行。

(5) 水产养殖业。贫困户发展水产养殖或稻田综合养殖，补助300元/亩。

(6) 经济林果业。贫困户种植坚果类及其他经济林果，或种植花卉、苗木和发展林下经济，补助150元/亩。

四、回归创业扶贫效果与作用

(一) “两业”扶贫带动建档立卡贫困人口稳定增收、精准脱贫

1. 产业扶贫增收　3年来，神峰山庄流转建档立卡贫困户土地852户2 057亩，户均年获土地租金收入1 500余元；对接带动1 003户贫困户发展黑禧猪养殖和林下散养土鸡，户均年养殖收入2.3万元。

2. 就业扶贫增收　安排1 560名贫困户劳动力在果蔬基地务工，日工资60～80元/人，人均年务工收入1.5万元；安排285名贫困户青年劳动力在神峰山庄就近就地就业，月工资3 000～9 000元不等。通过神峰山庄“两业”扶贫带动，2016—2017年，带动建档立卡贫困人口3 086人实现精准脱贫。2017年，湖北先秾坛生态农业有限公司被列入全国就业扶贫基地。

专栏2　神峰山庄“两业”扶贫带动贫困户脱贫致富个案

方兴旺——英山县孔家坊乡郑家冲村人，神峰山庄对接帮扶建档立卡贫困户。2016年申请扶贫小额信贷5万元，发展黑禧猪和林下土鸡养殖。用贷款盖猪圈80米^2、鸡舍40米^2，养黑禧猪13头、土鸡500只，年养殖纯收入达35 000元，一举脱贫。

沈小飞——英山县金家铺镇黄林家冲村人，神峰山庄对接帮扶建档立卡贫困户。2013年年初，沈小飞被安排到神峰山庄上班，培养成为文艺晚会主持人和客房部经理。后经过市场营销专业培训，成为创业致富带头人，现任合肥市神峰山庄农乐园管理公司总经理，月工资1万元。在她的影响下，其爱人郑志光也参加创业培训，在家创办眼镜山鸡养殖场。2016年，全家已实现精准脱贫，并迈入小康。

周爱玲——英山县孔家坊乡郑家冲村人，神峰山庄对接帮扶建档立卡贫困户。其丈夫因出外打工腰椎受伤基本丧失劳动能力，公婆年迈多病，家庭十分贫困。2013年年初，周爱玲被安排到神峰山庄上班，经培训成为山庄的“民歌大王”。后参加市场营销专业培训，现为武汉神峰山庄农乐园店长，月薪8 000元。其公婆在神峰山庄果蔬基地务工，两人年务工收入3万元，8小时之外还搞黑禧猪、眼镜山鸡养殖。2016年全家实现精准脱贫，并开始走向富裕。

（二）村企合作带动贫困村产业发展、集体经济增收

神峰山庄与7个乡镇35个村（其中建档立卡贫困村8个）建立了有机农业基地建设合作关系，35个专业村由此应运而生。神峰山庄与村民委员会或村自强互助脱贫合作社签订协议，确定全村肉、蛋、菜收购量订单，由村民委员会或合作社负责组织生产，并由山庄让利一半（比如蔬菜按每年1.8元让利），作为协调服务费支付给村集体。此外，神峰山庄按全村一年提供的肉、蛋、菜收购量，给予一定比例的村集体提成奖。到目前为止，所有与神峰山庄对接的村，村集体一年可获得6万元以上经济收入。村集体有了收入，可为村民办一些扶贫济困公益事业，从而提升了村“两委”的凝聚力和战斗力。

专栏3 神峰山庄村企合作带动郑家冲村一举脱贫

英山县孔家坊乡郑家冲村是一个建档立卡贫困村、集体经济“空壳”村。全村121户402人，其中建档立卡贫困户56户159人，贫困发生率高达40%。全村有山林面积1 680亩，耕地面积263亩，人均耕地仅0.65亩。村民长期以种植水稻、油菜等传统农作物为主，特色产业一直没有发展起来，2014年全村农民人均纯收入仅5 674元。

2015年，神峰山庄与郑家冲村建立起村企合作对接关系。神峰山庄将全村263亩耕地实行流转，统一兴建有机果蔬生产基地，并通过村集体或村自强互助脱贫合作社对接贫困户22户发展黑禧猪养殖和林下散养土鸡。2016年，全村出栏黑禧猪800头（人均2头猪），出栏土鸡6 000只（人均15只鸡），产有机蔬菜7.25万千克，农民人均可支配收入达到10 960元；通过利益分成和提成，村集体获经济收入12万元。与神峰山庄开展村企合作产业扶贫两年，郑家冲村便一举摘掉了贫困村、集体经济“空壳”村的帽子。

（三）为农业农村发展和脱贫攻坚培养了一批致富带头人

先秾坛公司（神峰山庄）本是民营企业老板闻彬军返乡回归创业投资兴办的。闻彬军在回归创业过程中，始终把人力资本投资摆在十分重要位置，由企业自费开展多层次多形式的致富带头人创业培训，如基地村“两委”干部培训、专业合作社与种养大户培训、企业管理人员与市场营销骨干培训等。围绕产业链的拓展，培养了一批致富带头人，成为当地农业农村发展的中坚力量和企业发展的骨干力量，同时也成为本地脱贫致富的典型示范。这些致富带头人包括：35个基地村的村“两委”干部和合作社负责人，300多个特色养殖示范大户，80名都市农乐园店长等。3年来，神峰山庄实现了“一个老板带出百名致富带头人，百名致富带头人带动千余贫困户”的“裂变效应”。

（四）在农业供给侧结构性改革方面进行了有益的探索

神峰山庄在大别山区腹地打造有机农业综合体的过程，就是探索和践行农业供给侧结构性改革的过程。其有益探索主要表现在以下3个方面：①优化农业农产品结构，着力推进农业提质增效。通过土地流转适度规模经营，因地制宜地发展高效有机蔬菜瓜果、生态养殖业等特色产业，提升了农产品质量、食品安全水平和市场竞争力，使山区地产品、有机农产品和传统山货走出了山门，进入都市高端消费市场，促进了农业增效、农民增收。农民养一只土鸡可赚50元，出栏一头黑禧猪可赚1 000元，并且不承担任何市场风险；而作为龙头企业的神峰山庄一直保持农产品零库存，做到产销两旺。这就是瞄准有机农产品高端消费市场、加快优化调整山区农业农产品结构所带来的改革效果。②走第一、二、三产业融合发展路子，拓展农业产业链价值链。神峰山庄在培育壮大有机循环农业的基础上，积极推进第一、二、三产业深度融合，着力打造“生产基地＋加工配送＋门店直营＋山庄旅游”的农工商旅综合体，拓展了农业产业链和价值链。尤其把山区生态农业与乡村特色旅游、文化、康养等有机结合起来，一方面拓展了企业的创业发展空间和价值空间，另一方面为偏远山区增加了人气、增添了发展活力，更重要的是为当地农民提供了更多发展机遇和就业机会。③以有机生态农业为支撑，培育宜业宜居特色村镇。在英山县孔家坊乡政府支持下，神峰山庄带动神峰山下的西河十八湾，以有机生态农业和山区自然景观为主要载体，积极打造农业文化旅游“三位一体”、生产生活生态同步改善、宜业宜居宜养相得益彰的特色村镇。

（五）通过农业农村发展解决农村留守儿童、妇女、老人问题

农村留守儿童、妇女、老人问题，是贫困地区一个具有共性的社会问题。其问题根源在于，本地经济落后，发展机会缺乏，农村青壮年劳动力不得不背井离乡、离开家人出外“淘金”。神峰山庄的发展壮大和产业链条的延长，为当地农民提供了新的发展机遇和就业机会。一方面，吸引了部分外出务工农民返乡创业、就近就业；另一方面，也为留守妇女和中老年劳动力提供了就地务工机会。目前，神峰山庄为2 500多位农民提供了就近就地就业机会。这种通过加快农村经济发展提供更多机会，有利于从根本上解决农村留守儿童、妇女、老人问题，是一种治本之策。

五、需要完善的若干工作机制

（一）进一步完善创业培训工作机制

目前，神峰山庄企业内部实施的创业就业培训，主要分两个方面：①围绕提高企业职工素质能力，开展的就业上岗培训和岗位履职再培训，主要由先秾大医集团商学院承办实施。②围绕有机农业（种植业、养殖业等）开发，开展的致富带头人创业培训和实用技术培训。这类培训主要由神峰山庄临时聘请有关农业技术人员和乡土人才，采取培训会和现场示范讲解等方式进行。对于后者，培训的计划性、专业性、规范性和实效性有所欠缺。可考虑在县扶贫部门和乡政府的支持下，在企业内部组建专门培训机构，配备专业工作人员，制订培训计划和教学方案，实施有计划的创业就业培训。

（二）进一步完善对贫困户创业的小额信贷服务机制

目前农商行对孔家坊乡有劳动能力建档立卡贫困户都进行了评级和授信，但由于种种原因，在用信放款方面进展不是很顺利。如孔家坊乡郑家冲村、新铺村、孔家坊村有87户贫困户信用等级评级达标，共授信281万元；而目前用信获贷的只有23户、69万元，分别占26.4%、25.6%。下一步需抓紧完善贫困户创业小额信贷服务机制，充分发挥神峰山庄对贫困户发展产业的帮带作用和在回购农产品方面的保证机制作用，落实“政银保企”有效合作，让金融机构“不惜贷、放心贷、收得回”，让贫困户“贷得到、用得好、还得上”。

（三）进一步完善对致富带头人创业扶贫的激励机制

目前县里出台了对贫困户自主发展产业或参与产业项目的财政奖补政策，

但对于市场主体或致富带头人创业扶贫的支持激励政策尚需进一步完善。尤其对致富带头人创业扶贫达到一定规模、“带贫”效果显著的，应给予一定的挂钩奖励和精神鼓励。

【点评】神峰山庄案例是一个典型的“回归创业助推精准扶贫”案例。其特点主要表现在：选准扶贫产业，拓展产业链条，企业自费培训，完善“带贫”机制，做实“两业”扶贫。神峰山庄的创业兴业，既没有盲目“跟风”，也没有搞“高大上”，而是充分发挥大别山腹地“青山绿水好空气、水质土壤无污染”的生态环境优势，以绿色、安全、健康、养生农产品和食品消费市场为导向，实行差异化发展战略，发展山区有机生态农业，确保产业“接地气”，贫困农户能高度参与，从而能帮助贫困户培植内生动力和提高自我发展能力，实现增收脱贫。神峰山庄打造有机农业综合体的过程，是探索和践行农业供给侧结构性改革的过程。他们坚持走第一、二、三产业融合发展路子，着力打造“生产基地＋加工配送＋门店直营＋山庄旅游”的农工商旅综合体，拓展了农业产业链和价值链，为当地贫困农民提供了更多发展机遇和就业机会。神峰山庄在创业扶贫过程中，十分重视人力资源开发，自费开展多层次多形式的创业就业培训，实现了“一个老板带出百名致富带头人，百名致富带头人带动千余贫困户”的“裂变效应”。神峰山庄本着产业基地建在哪个村，就与该村的自强互助脱贫合作社紧密合作，建立起“公司＋自强互助脱贫合作社＋贫困户”的“带贫”机制，带动35个村1 000多户建档立卡贫困户参与有机农业开发，使贫困户通过产业扶贫和就业扶贫实现精准脱贫，并逐步迈向小康。神峰山庄构建有机农业综合体的创业扶贫过程，其意义还在于，对“中国好农业”如何打造、农产品食品安全如何从源头上保证、农村“三留人员”社会问题如何消解、山区美丽乡村如何建设、乡村振兴如何实施等，进行了有益探索，提供了可复制、可推广、可借鉴的经验。

调研组：刘晓山　刘少锋　谭诗斌
陈平路　李　攀　李　佳
执　笔：谭诗斌　李　攀
点　评：陈平路

思考题

1. 神峰山庄作为贫困地区的一个回归创业民营经济体，以发展有机循环农业为基础，走第一、二、三产业融合发展路子，努力打造“生产基地+加工配送+门店直营+山庄旅游”的农工商旅综合体，拓展农业产业链和价值链，为当地贫困农民提供了更多参与产业项目和就近就业机会。你认为这一“回归创业扶贫模式”有何经济意义和社会意义？这一模式在贫困地区复制推广需要具备什么条件？

2. 神峰山庄的实践告诉我们，培训培育贫困村创业致富带头人，除了政府出资主办兴办以外，还可以采取企业自主自费兴办方式。你认为，如何调动企业尤其是民营企业参与培训培育贫困村创业致富带头人的积极性，如何完善企业培训工作机制并提高培训质量和有效性？

案例 8　宿迁市“支部+电商”精准扶贫新路径

江苏省宿迁市委组织部、市扶贫办

【导读】在“互联网+”新经济形态迅猛发展的大背景下，江苏省宿迁市积极探索出“支部+电商”精准扶贫新路径。目前，全市“中国淘宝镇”“中国淘宝村”数量分别占全省的 1/3 和 1/5，电子商务交易拉动地区生产总值增长 0.8 个百分点，快递业务量和业务收入均居全国第十七位。“支部+电商”的推行普及，促进了农民收入增长和精准脱贫。2016 年全市 1 405个村（居）实现“一村一店”或“一村多店”，共开网店 4.2 万家，其中扶持低收入农户开办网店 9 000 余家。2016 年，全市农村居民人均可支配收入达到 13 929 元，比 2015 年增长 9.1%，其新增收入 70%来自电子商务；全市年人均纯收入低于 4 000 元的 99.5 万低收入人口实现脱贫，360 个经济薄弱村集体经济收入超 15 万元。

一、背景与概况

宿迁是江苏省最年轻、“三农”比例最高的地级市，也是全省低收入人口发生率最高、贫困程度最深、脱贫难度最大的地区。按人均收入 4 000 元标准，“十二五”期间全市共有 99.5 万农村低收入人口、360 个省定经济薄弱村，均占江苏的 1/4。按人均收入 6 000 元标准，目前宿迁市有建档立卡低收入农户 66.29 万户，经济薄弱村 188 个，全省 6 个扶贫重点片区宿迁就有 3 个。

随着互联网经济的迅速发展，宿迁市各级党委、政府按照抓好党建促脱贫攻坚的工作要求，引导基层党组织充分发挥政治功能和服务功能，抢抓“互联网+”战略机遇，把农村电子商务作为精准扶贫的重要载体，以“一村”培育“一品”、“一品”打响“一店”、“一店”致富“一片”为主要内容，与京东、阿里巴巴、苏宁等龙头电商开展全面合作，摸索出一条“支部+电商”促经济欠发达地区脱贫攻坚的新路径。2016年全市1 405个村（居）实现“一村一店”或“一村多店”，共开网店4.2万家，其中扶持低收入农户开办网店9 000余家。

“支部+电商”模式吸引了人民日报、新华社、中央电视台等多家中央主流媒体聚焦宿迁。2015年7月，江苏省委、省政府在宿迁市召开专题会议推广宿迁“一村一品一店”经验。2016年5月，江苏省召开抓党建促脱贫攻坚学习贯彻会暨“支部+电商”工作现场会，推广宿迁“支部+电商”工作经验。

二、主要做法与效果

（一）优化环境，力推电商产业集聚平台建设

（1）在政策扶持上，为扶持电子商务产业发展，健全完善了“1+X”政策支持体系，编制了《宿迁市“十三五”电子商务产业发展规划》，研究制定了《关于加快全市电子商务产业基础设施建设的行动计划》等配套政策。

（2）在产业园区建设上，按照“一区多点”总体框架，推动各县（区）立足区域特点和产业优势，规划建设电子商务产业园，引导各类电子商务业态和功能聚集，推动电子商务产业统筹协调、加快集聚、错位发展，组织全市8家电子商务园区创建省级电子商务示范基地。围绕“电子商务新高地、大众创业新基地、创新发展新典范”的发展定位和“四个中心”建设目标，宿迁电子商务产业园区发展势头迅猛，2016年累计入园企业达252家，实现电商交易额达202亿元，同比增长95%以上。

（3）在建设公共服务平台上，以培育网络创业主体、壮大网络创业规模为重点，建设市网络创业公共服务平台，推动网络经济与实体经济互动发展，为电子商务企业和网络创业者提供“政策发布、在线培训、网货展询、创业指导、网创风采、融资服务”6个方面开放共享的服务平台。已累计发布信息1 500余条，提供在线培训和线上指导1.3万人次，有力地助推了全市电子商务产业的发展。

（二）借船下海，牵手电商巨头下乡全面布局

借助阿里巴巴、京东、苏宁等电商巨头下乡战略，依托中心平台设立代购点，打造电子商务服务中心、网创孵化中心、创客交流中心。在工作实践中，初步总结出“支部+电商+合作点（服务站、孵化中心）”“支部+电商+合作社（龙头企业）”“支部+电商+产业链”“支部+电商+协会”等4种实现形式。宿豫区依托京东建成农村电子商务项目合作点268个，实现村（居）全覆盖；沭阳县、泗洪县与阿里巴巴合作，建成农村淘宝服务站316家；泗阳县联

姻苏宁易购建立农村服务点150个。京东推广员、村淘合伙人架起了网货下乡与农产品进城双向流通桥梁，让农民“放下锄头，来到村头；动动指头，货物到手”。泗阳县高渡镇庆江水产专业合作社党支部把组织建立在产业链上，通过推广养殖新技术、引导社员开网店等方式拓宽销售渠道，当年实现线上销售超1 000万元，户均增收1.5万元。低收入户陈太贵在合作社帮助下承包20亩塘口养殖螃蟹，脱贫致富尝到了甜头，见人就说“跟着组织干，养殖把钱赚”！宿豫区大兴镇喜糖盒协会成立党支部，吸纳全镇35户网点加盟，帮助解决生产经营中的产品质量、资源配置和不正当竞争等问题，目前喜糖盒销量占淘宝同类产品的90%。

专栏1 京东集团在宿迁启动党员先锋“四个一百”工程

2017年1月10日，京东集团党员先锋工程“四个一百”暨深化“红领助企”行动启动仪式在位于宿迁市的京东全国客服中心举行。

近年来，宿迁市抢抓“互联网+”机遇，聚力建设“电商名城”，仅用两年时间，宿迁电子商务产业园区已累计入驻电商企业252家，获评江苏省电子商务示范园区和国家级电子商务示范基地。这些与京东集团的支持密不可分。如今，京东（宿迁）公司集聚6 000多名年轻员工，其中300名党员在不同岗位发挥着示范引领作用，京东（宿迁）公司探索推行的“四微工作法”等互联网企业党建工作新模式，受到了中组部领导的充分肯定。

京东集团启动党员先锋“四个一百”工程是在职能体系、配运体系与客服体系的党员中各选拔出100名优秀职能员工、100名优秀客服人员、100名优秀配送站点管理员和100名优秀配送员，通过这400名党员进而带动更多党员员工在企业生产经营中，更好地发挥先锋模范作用以及在践行“客户为先”企业价值观中的突出作用。

宿迁市宿豫区一直高度重视非公企业党建工作，不断深化“红领助企”行动。2016年，公开招聘了94名“红领”，通过发放“红领”岗位津贴、开展专题培训、实施“红领引领人才”计划等方式，厚植非公企业党建发展土壤，在引领政治方向、服务企业发展、凝聚员工思想等方面发挥更大作为，以实际行动塑造宿豫“红领助企”党建工作品牌。

（三）培训主体，催生电商扶贫内生动力

坚持把培养更多贫困群众参与“一村一品一店”作为工作重点，全面加快主体培育。制订出台红色电商3年培养计划，将党员培养成电商，将电商

培养成党员，将党员电商培养成红色电商达人，强化带头富、带领富的红色引领作用。在全市组织实施“一村一品一店”培训计划，提供农产品“推广营销、美工设计、物流包装+互联网”等精准课程，培养了一大批农村电商人才。2015年以来，全市共组织各类农村电商培训162场，培训农村电商从业人员2.1万人次，其中低收入农户1.2万余人次。宿豫区下相街道油坊村低收入农户张海露，在政府的帮助下，参加网络创业培训并注册“秒公主”品牌，将自家生产的拖把“玩”到了网上，产品供不应求，成为当地脱贫致富的典范、鼎鼎有名的淘宝“拖把王”。扶贫部门积极与京东商学院、淘宝大学等优质电商培训机构开展合作，举办以低收入家庭劳动力为主要培训对象的电子商务人才分类培训班，仅2016年专业培训就超过1万人次。

（四）书记带头，推动党员群众投身电子商务

头雁领航，雁自成行。一个优秀的带头人，能够带强一个班子，带动一方发展，带富一方百姓。在农村电子商务发展初期，市、县两级持续开展村级党组织书记集中轮训，引入电子商务理论和实务课程，让带头人的思维带头接上互联网，由过去“土地掘金”向“网上淘金”转变。通过带头人先试先闯，带头学网、用网、推广网，让群众近距离体验网络的优势，从不懂网、不信网到懂网、信网、用网。

宿城区耿车镇大众村曾以“收破烂”为主业，在村党支部书记李军的带领下，群众从怕到干，网店从无到有，先后引进42家快递物流企业，全村519户从事电子商务产业，年销售突破4.5亿元，成为远近闻名的“淘宝村”。沭阳县庙头镇庙头村党支部书记王彬主动结对自幼丧父的低收入户唐曼秋，通过电子商务培训、协办贷款、介绍客户等方式帮助其自主创业开办网店，年销售额达300万元，当年实现脱贫致富。泗洪县洪泽湖上的穆墩岛村党支部书记李正奎，针对渔民上岸购物不方便的实际困难，积极支持“村淘点”建设，现在两艘“淘宝号”快艇每天穿梭在洪泽湖上，给渔民带来了实实在在的便利。

（五）特色发展，培育电商扶贫“摇钱树”

坚持以特色产业支撑“一村一品一店”发展，以做大网络销售激发电商扶贫活力，重点打造“高效水产、精品花木、生态畜禽、绿色果蔬”四大特色主导电商扶贫产业。宿豫区创立了“马棚岛”“宿商”等地产品商标20多个，初步打响了“丁嘴金菜”、新庄“杉荷园”莲藕等一批地产品品牌。泗洪县与阿里巴巴集团合作举办“泗洪首届网上螃蟹节”，活动期间网络销售额突破800

万元，成交订单 8.4 万份，带动 500 余家低收入农户参与网售螃蟹的供货、包装、销售工作，人均增收 1 000 余元。宿城区耿车镇党委把有培训愿望的农民信息全部采集起来，依托淘宝大学教学点开展基础培训，所需费用全部由财政来买单，培养低收入家庭网络创业兴趣和愿望。老百姓说："动动鼠标上淘宝，价格便宜质量好，就在村部来购物，不用老往城里跑。"在"一买一卖""一来一往"中，村级组织阵地由静变闹、党群干群关系由远变近、低收入农户由穷变富。

农村电商发展不仅使农村经济"活"起来、产业结构"优"起来，更让基层组织"强"起来、贫困群众借助电商"富"起来。农业生产方式加快从粗放型向集约型转变，农业经营主体由单一向多元转变，农产品生产向无公害、绿色、有机方向转变，农民参加专业合作社比重达 65%，市级以上"五好"示范社达到 500 家，共带动 4.8 万低收入农户就业，创收达 3.9 亿元。

专栏 2　创新电子商务运营模式助力脱贫攻坚

宿迁市通过构建"政府＋知名网络平台＋市场主体"电子商务发展模式，推动京东"中国特产宿迁馆"等平台建设。京东"中国特产宿迁馆"目前已有 152 家供应商，上线产品 3 900 种，年销售额达 8 000 万元。2016 年 10 月正式上线运营的"京东泗洪馆""泗洪生鲜馆"共有 110 家供应商，上线产品 345 种，累计实现销售额超 5 000 万元，其中相当一部分农产品是低收入农户参与的家庭农场、合作社生产的，有效增加了农民增收，助推了本地企业产品实现全网销售。

（六）党员示范，带动低收入农户脱贫致富

说一千道一万，关键还是做示范。全市 4.2 万家网店中，1/5 为党员户或入党积极分子户开办，销售份额超过 40%，涌现出一大批依法诚信经营、主动帮贫带困的党员示范户。沭阳县新河镇党员电商方威，网店在天猫店同类店铺中排名前三，生意经营红火，思想更是火红，毫无保留的将自己的创业经验和经营技巧分享给想从事网络创业的低收入家庭，通过扶持低收入农户开办网店，让贫困户参与到"一村一品一店"产品种植、产品包装运输、快递物流等全产业链中就业增收。2016 年全市 1 405 个村实现"一村一店"或"一村多店"，扶持低收入农户开办网店 9 000 余家。

宿豫区丁嘴镇登山村网店销售金针菜，产品的种植、包装、销售、物流均由当地低收入农户承揽，金针菜的价格由原来的每千克 56 元提高到每千克 96

元，亩产值达1.1万余元，成功带动300余户低收入农户脱贫致富。宿豫区新庄镇朱瓦村原为省定经济薄弱村，村党支部引导回乡创业党员施俊山成立荷林莲藕种植专业合作社，流转土地2 600多亩，种植莲藕、黄桃等高效农产品，注册"杉荷园"品牌网络商标，培育藕汁、藕粉等特色地产品，带动村集体经济收入增长20万元，农民人均可支配收入增长2 000元，成功摘掉"经济薄弱村"帽子。

三、有待进一步解决的几个问题

有待进一步解决的3个问题：①集聚发展层次不高的问题。"一区多点"电商产业总体框架虽然基本形成，但各县区电商产业发展定位不够清晰，同质化发展和竞争的问题比较突出。②配套服务水平不强的问题。从企业反映情况来看，融资难、土地紧、人才缺、基础设施不强等问题还不同程度地存在，亟待有效破解。③扶贫"带贫"效果有待提高的问题。由于电商发展起步时间较短，低收入农户参与开办网店的比例不是很高（约21%），他们大多是为网店打工或参与电商产品粗加工，通过就近就业增加收入，扶贫"带贫"效果有待进一步提高。

【点评】引导农民从"地里刨食"到"网上淘宝"。宿迁市抢抓"互联网+"国家战略与电子商务进军农村市场的时代机遇，把"支部+电商"作为农村发展、脱贫攻坚的有效载体，着眼同步解决"增产不增效"和"增量不增收"的问题，使农村发展走上了"快车道"，实现了由传统农业向农村经济新业态的华丽转身。这不仅改变了农村落后面貌，而且为实现低收入农民的精准脱贫找到了一条有效途径。一大批低收入农户成为农民"创客"，借助网络将农产品、加工品销往全国各地，不仅大幅增加了收入，而且在加入"互联网+"行列中提升了自我发展能力。在推广"支部+电商"中，农村基层党支部和党员是重要支撑力量。他们既是引领者，又是服务者，使党员的先锋模范作用在新时期有了新的发挥领域，使基层党支部的战斗堡垒作用有了新的发挥空间。宿迁市"支部+电商"模式具有促进农村发展、农业转型、农民增收、精准扶贫、加强基层党建等多重作用，有着较为普遍的推广价值和可复制性。

执　笔：编写组整理
点　评：罗　光

思考题

1. 如何认识农村电商扶贫在推进贫困地区发展现代农业、搞活农产品流通、促进三次产业融合、发展新产业新业态、增加就业机会，以及改变农村生产生活方式等方面的重要作用和深远意义?

2. 如何借鉴宿迁市“支部+电商”经验，在本地区发展农村电商扶贫中，充分发挥基层党支部的领头雁作用和党员的先锋模范作用?

案例9　秀水天香的兴茶“带贫”之路

华中科技大学（中国·南方）减贫与发展研究院案例编写组

【导读】湖北秀水天香茶业有限公司董事长汪家新，是宜昌市夷陵区下堡坪乡的一名本土党员致富带头人。他和他领办的公司从“夫妻店”起步，到2010年后顺应家乡茶产业发展需求，在偏僻的穷山村回归创业。经过几年努力，办起了3座茶叶加工厂，组建了2个专业合作社，带动5个山村（其中2个重点贫困村）联片开发1.4万亩生态茶园基地，采取“党建引领、村社结合”“民营企业＋合作社＋农户（贫困户）”的“带贫”机制和形式，带动5个村1 763户农户（其中565户建档立卡贫困户）种茶增收、脱贫致富。公司对接帮扶的2个重点贫困村，在产业发展、精准脱贫基础上实施提升工程，正在打造成为“茶旅结合、田园美景”的靓丽新村。本案例重点介绍了这位党员致富带头人及秀水天香公司的创业扶贫路子和经验做法。

一、创业艰程：从“夫妻店”到一方产业龙头

汪家新，1964年出生于湖北宜昌市夷陵区下堡坪乡的一个穷山村——磨坪村。1982年，不甘贫困、不安现状的18岁汪家新，走出大山开始了自己的35年创业历程。起初当过搬运工、贩过中药材，后来尝试做其他农产品贸易。2003年，汪家新注册了宜昌秀水天香茶业有限公司，在县城开始了“夫妻店”式茶叶购销经营。2006年，汪家新作为民营企业的优秀分子加入了中国共产党。公司至2009年，由于没有自己的茶园生产基地，没有自己的茶叶加工企业，所销茶叶也只是“撮短水、搞贴牌”，质量没保证，规模做不大，效益不景气，“夫妻店”几度濒临破产。

汪家新的家乡下堡坪乡，位于夷陵区西北部大巴山区，地域偏远，山大人稀，交通不便，是湖北省200个省定重点贫困乡镇之一。该乡资源丰富，植被茂密，北纬31度的黄金坐标，平均海拔900米，昼夜温差大，天赐的花岗岩风化偏酸性土壤，营养物质积累多，再加上远离城市和工业，无任何工业污

染，具有发展高山云雾、醇香绿茶的得天独厚条件。过去，下堡坪乡的农民种粮、栽花、育茶、种瓜，“样样有、小而全”，一直没有形成规模化支柱产业。20世纪90年代，乡政府提出“稳麻（天麻）攻茶（茶叶）”战略，引导农民种植天麻和茶叶。产业发展方向明确了，但生产方式依然是一家一户，单打独斗。老品种、老茶园、无品牌、无销路，种出来的茶叶不是没有人收购，就是被压级压价，农民种茶不增收，生活依然十分贫困。

2009年，汪家新回老家下堡坪乡磨坪村探亲，看到家乡农民在乡政府的推动下，发展茶叶种植已初具规模。但没有一家标准化、产业化的茶叶加工龙头企业，“卖茶难”成为制约全乡茶叶产业发展的一大瓶颈，也成为阻碍茶农增收的一大“拦路虎”。汪家新仔细分析了下堡坪乡得天独厚条件，坚信这是一块“高山云雾出好茶，灵山秀水育天香”的宝地。顿时，汪家新有一种“踏破铁鞋无觅处，得来全不费功夫”的感觉，一个新的商机或发展蓝图浮现在他的脑海——与其在外四处游荡打拼，不如返乡回归扎根创业；以兴办茶叶加工企业为龙头，带动农民种茶脱贫致富，打造生态茶叶“种植、收购、加工、保鲜、销售、农旅”扶贫产业链和田园综合体，改变家乡贫困面貌。这岂不是一件“一举多得”或“一举多赢”的事情？汪家新的想法与乡政府的发展思路“一拍即合”。

在乡政府的力邀下，这位本土党员致富带头人下决心回乡创业。2010年，秀水天香公司在磨坪村兴建了全乡第一座标准化、现代化茶叶加工厂，并设立鲜叶收购点，解决了当地茶农卖茶难问题。同年，由秀水天香公司发起的“宜昌高山云雾茶叶专业合作社”在磨坪村成立。此后6年间，秀水天香公司便“一发不可收”，抓住扶贫开发、产业结构调整、美丽乡村建设等政策机遇，实现了由“夫妻店”到省级龙头企业的华丽转身，发展成具有“一企两社三厂八点”生产规模（一企，秀水天香公司；两社，以“高山云雾”为字号的茶叶专业合作社和土地股份专业合作社；三厂，三个标准化、现代化茶叶加工厂；八点，八个鲜茶叶收购点），连接和辐射带动全乡4万亩生态茶园基地（含合作社直营直管1.4万亩茶园基地），成为一方产业龙头老大，直接带领1 763农户（含565户建档立卡贫困户）种茶增收、脱贫致富。

汪家新，这位下堡坪乡本土党员致富带头人，被授予宜昌市劳动模范、2015—2016年宜昌市十大扶贫功臣荣誉称号；他领办的高山云雾茶叶合作社，被授予“国家级农民合作社示范社”荣誉称号。

二、连片开发：着力打造生态茶叶产业链

为在下堡坪乡打造生态茶叶“种植、收购、加工、保鲜、销售”扶贫产业

链，秀水天香公司把项目建设重点放在“加工、基地、品牌”三大关键环节上。

（一）投资布局“三厂八点”，解决农民卖茶难问题

由于鲜茶叶不宜储存和长途运输，解决卖茶难问题，就要把茶叶加工厂办在茶园旁，把鲜茶收购点设在茶农边。汪家新的回归创业，首先从投资兴建茶叶加工企业开始。2010 年、2012 年、2016 年，秀水天香公司累计投资 2 亿元，先后在下堡坪乡的磨坪村、蛟龙寺村、赵勉河村选址（其中磨坪村、蛟龙寺村为国家建档立卡贫困村），分别兴建了 3 家年产 1 000 吨干茶的标准化茶叶加工厂，并在周边设立鲜叶收购点 8 个，从而形成了“三厂八点”布局。秀水天香公司向茶农公开稳定鲜叶收购价格“三不降价”的承诺：“人多收茶不降价，晚上收茶不降价，雨天收茶不降价。”这一举措，拉近了与茶农的距离，树立起产业化龙头企业的“大将”风范和诚信形象，从根本上解决了下堡坪乡茶农的卖茶难、增收难问题。

（二）“五村连片”改造低产田，高标准建设万亩生态茶园

“三厂八点”投资布局的推进，为联村连片改造低产茶园、打造万亩生态茶叶基地提供了龙头或下游支撑。这几年，秀水天香茶业公司及旗下合作社，多方争取政府相关部门支持，投入 5 500 万元，对下堡坪乡西北片区的磨坪村、蛟龙寺村、赵勉河村、秀水坪村、十八湾村的老茶园，实施“五村连片”技术改造。公司加强茶园土地整治，引进国家级无性系茶树良种福鼎大白数百万株，将昔日良莠不齐、品质次差、产量极低的老茶园，一举改造成植株茂密、口感香醇、丰产高效的有机茶园。目前，以磨坪、蛟龙寺两个贫困村为核心的“十里一线、五村连片”的 1.4 万亩高标准生态茶园基地已建成。同时，还辐射带动了周边其他村发展丰产茶园 2 万多亩。高标准核心茶园基地的建成，为带动 5 村建档立卡贫困户种茶增收提供了产业支撑。

（三）培植“秀水天香”品牌，靠一流品质提高市场竞争力

下堡坪乡有一位历史名人叫赵勉（该乡赵勉河村因系赵勉的出生地而得名），是明代朱元璋时期的户部尚书。赵勉曾将家乡秀水坪所产茶叶进贡给朱元璋，朱元璋品饮后赞赏有加，挥毫疾书“秀水天香”墨宝。于是，下堡坪乡秀水坪等村所产茶叶便有了“秀水天香”的美誉，并传承至今。早在 2003 年，出生于下堡坪乡的汪家新就以“秀水天香”为字号注册了茶业有限公司。但真正打造“秀水天香”茶叶商标品牌，还是在 2010 年汪家新返乡创业以后。

2010年，秀水天香公司生产加工的绿茶，被正式批准注册为“秀水天香”商标。自此，秀水天香公司把茶叶生产质量摆在首位，推出了一整套标准化、有机化生产技术规范，从源头上控制土壤和茶叶污染，控制农药、化肥使用，确保产品质量安全，打造和维护好“秀水天香”这一知名品牌。2015年，“秀水天香”绿茶入选“全国名特优新农产品目录”。“秀水天香”的品牌效应和市场竞争力，使所属加工企业实现了“生产满负荷、销售零库存”，给农民增收、企业赢利带来了实实在在的好处。2016年，秀水天香公司及合作社共收鲜叶4 000吨，加工干茶1 000吨，实现总产值15 045万元。

三、股份合作：提高贫困农户组织化程度

2010年以前，下堡坪乡农民种植茶叶采取的是一家一户、单打独斗粗放经营方式，品种杂多，技术落后，品质低下，打造不出品牌，抵御不了风险。一些贫困户由于缺资金、缺技术、缺劳力、缺生产资料投入，茶园管理更为粗放，完全是“靠天收”。要依靠农民建成高标准、高效益万亩生态茶园，就必须彻底改变传统的一家一户、单打独斗粗放经营方式。秀水天香公司提出的解决方案是，与农民抱团合作，通过组建茶叶专业合作社方式，提高农民和贫困农民种植茶叶的组织化程度。公司先后采取资金入股和土地入股方式，于2010年和2013年在两个贫困村分别组建了地域性专业合作社。

（一）在贫困村磨坪村组建高山云雾茶叶专业合作社

2010年，由汪家新等36人发起，以贫困村磨坪村为中心，并联合周边的赵勉河村、秀水坪村，组建高山云雾茶叶专业合作社。为了不增加农户特别是贫困户的负担，采取10元1股的“身份股”方式，将他们吸纳进入合作社。同时，还限定股东最多3万股封顶。目前，合作社共吸纳3个村的755户茶农入社，茶园面积6 407亩。

（二）在贫困村蛟龙寺村组建高山云雾土地股份专业合作社

蛟龙寺村的农民群众在参观磨坪村的茶叶专业合作社后，纷纷自发要求举办自己的茶叶生产合作社。2013年，由高山云雾茶叶专业合作社和若干农民发起，以贫困村蛟龙寺村为中心，并联合邻近的十八湾村，组建高山云雾土地股份专业合作社。其中，蛟龙寺村采取整村入社形式。在区经管局和乡政府的指导下，两村农户以土地经营权按每亩6 000元价格入股。目前，合作社采取土地入股方式共吸纳1 008户农户入社，茶园面积7 658亩。

（三）将有茶园的建档立卡贫困户全部吸纳入社

上述两个农民专业合作社，共覆盖带动了磨坪、蛟龙寺、赵勉河、秀水坪、十八湾5个茶叶专业村，入社农户共1 763户，茶园面积14 065亩。“两社”吸纳5个村有茶园承包地的302户建档立卡贫困户全部入社，占入社农户总数的17.1%。贫困户加入合作社后，其茶叶种植纳入产业化链条，从此不再因生产而愁、因技术而虑、因销售而忧、因资金而急，一门心思种茶、管茶、采茶即可。

（四）实行“八统两分、六四分成”经营模式

两个合作社均实行“八统两分”生产经营管理模式，即合作社统一规划布局、统一种苗供应、统一农资配送、统一生产标准、统一技术服务、统一鲜茶收购、统一制茶加工、统一品牌销售，社员分户田间管理、分户交易核算。“八统一”保证了茶园管理水平、茶叶生产质量和品牌竞争力；“两分户”有利于调动茶农的生产积极性，避免了新的“大锅饭”产生。两个合作社均采取“六四分成”利益分配机制，即当年合作社盈余，在提取10%公益金、10%公积金后，剩下可分配盈余实行“六四开”，60%按社员的茶叶交易量（额）所占比例返回给社员，40%按社员出资额（包括土地入股额）及国家财政资金所形成资产折股量化到户的股份分配给社员。在上述经营管理和利益分配机制中，对建档立卡贫困户社员一视同仁，贫困户能公平地、有保障地从中获得种茶收益。

专栏1　合作社如何提供统一配套服务

秀水天香公司旗下成立了宜昌五棵树茶叶综合服务公司，为茶农社员统一提供以下4项服务：①农技服务。聘请茶叶专家，土肥专家等，全程指导茶农种、管、采、制。②农机服务。帮助有茶园无劳动力的社员进行机耕、机剪、机采有偿服务。③农资服务。由五棵树公司统一采购、统一配送农资产品，让社员用上安全、放心的农资产品。④植保服务。服务公司对茶园实行统防统治，绿色防控，彻底清除农药残留，使茶叶达到有机茶的标准，品质得到保证。由合作社提供统一的综合服务，既提高了生产效率，实现了标准化生产；又降低了茶农生产成本，缓解了劳茶矛盾，让农民种茶省心、放心、安心。

四、村社结合：探索支部建在产业链上新模式

依靠农民做大做强茶产业，凝心聚力很重要。汪家新和他的团队在返乡创业扶贫过程中，却遇到了农民思想保守、人心不齐，村“两委”软弱涣散、战斗力不强等诸多现实问题。那么，如何改变这一状况，如何凝心聚力，靠什么凝心聚力？这位本土党员致富带头人首先想到的是，靠党旗引领，靠党建凝心，靠支部建在产业链上聚力。在中共夷陵区委组织部和下堡坪乡党委的重视和支持下，秀水天香公司旗下的专业合作社与5村联合，探索了“村社结合”把支部建在产业链上的基层党建新模式。

（一）建立专业合作社党委

2013年11月，经中共夷陵区委组织部批准，宜昌高山云雾茶叶专业合作社党委正式成立，由下堡坪乡党委领导。秀水天香公司董事长、党支部书记汪家新任合作社党委书记，磨坪、蛟龙寺、赵勉河、秀水坪、十八湾5个茶叶专业村的村党支部书记任党委委员。合作社党委属于一个跨村的“村社结合”的基层党组织，它打破了建制村的行政界限，旨在加强对5个村的茶产业发展和产业扶贫的党的领导，做好联村跨村产业发展的相关协调、管理工作，带领群众凝心聚力做大做强茶产业，联村携手共同脱贫致富奔小康。

（二）理顺合作社党委与村党支部的关系

在实践中，合作社党委十分注意处理好与村党支部的关系。合作社党委是一个依托茶叶产业链建立起来的专业性基层党组织，而不是一个行政区划性的基层党组织。它主要是在茶叶产业发展上与5个村的村党支部实现“村社结合、协同联动”。因此，合作社党委与村党支部不存在上下级关系，它们共同由乡党委领导；合作社党委也不能替代村党支部履行村域基层治理职能。成立茶叶专业合作社党委，主要是为了更好地发挥党组织在茶叶产业发展中的战斗堡垒作用，发挥党员在产业扶贫中的先锋模范作用。上述关系的定位和理顺，使合作社党委在茶产业发展中的核心领导作用得到更好发挥。

（三）成立茶叶专业党小组

合作社党委大胆尝试，根据合作社与社员合作发展茶叶生产的特点与功能，成立了绿色防控、综合服务、技能培训、科技发展4个党小组。发挥党员和党小组在生态茶园植保、社员综合服务、茶农技能培训、加工科技研发4个专业方面先锋模范作用，保证产业链上每个关键环节都有党组织引领，有党员带头示范。

五、精准施策：完善“普惠＋特惠”产业“带贫”机制

秀水天香公司及专业合作社积极响应区、乡党委、政府号召，认真履行扶贫社会责任，主动承担下堡坪乡精准扶贫对接帮扶贫困户任务。公司专门制定了精准扶贫实施方案，由公司党员、干部负责联系5个村建档立卡贫困户565户1 148人。对其中有茶园承包地、有劳动能力的302户建档立卡贫困户，采取全部吸纳加入合作社，将其茶叶生产黏附在产业链上，让贫困户在合作社带动下通过发展生产、管好茶园获得收益。为激发有劳动能力贫困户自立脱贫内生动力，合作社采取“普惠＋特惠”的产业扶贫机制或“带贫”方式。

专栏2　履行民企社会责任，建立分类精准帮扶制度

湖北秀水天香茶业公司积极响应区、乡党委、政府号召，主动承担下堡坪乡的精准扶贫对接帮扶贫困户任务。公司专门制定了精准扶贫实施方案，由公司党员、干部负责联系5个村建档立卡贫困户565户1 148人。其中磨坪村145户326人，赵勉河村149户322人，蛟龙寺村29户52人，十八湾村113户251人，秀水坪村129户197人。公司将565户贫困户分成一般贫困户、残障人、特困户等3种类型，建立了1 148人精准帮扶档案，发放了贫困户联系卡、残障人联系卡、特困户联系卡，实行因户因人施策帮扶。公司对其中劳动能力、有茶园承包地的302户贫困户采取吸纳入社、产业扶贫方式；对没有劳动能力的263户采取结对帮扶，协助落实政策，送温暖、排其忧、解其难。

（一）实行“合作社＋农户（贫困户）”的三次分配利益联结机制，让贫困户普惠分享产业发展收益

参加合作社的贫困户收入，按照合作社章程，主要来源于以下3次分配利益联结机制：①贫困户经营管理自己的茶园承包地，向合作社交售鲜茶叶，获得初次分配的交易收益。②合作社的可分配盈利按“六四分成”，贫困户作为合作社社员，在60%可分配盈利中按鲜茶叶交易量（额）所占比例，获得第二次分配收益。③贫困户作为合作社社员，在40%可分配盈利中按出资额（包括土地入股额）及国家财政资金所形成资产折股量化到户的股份，获得第三次分配收益。在上述分配机制中，初次分配和第二次分配体现了“多劳多得、多产多得”的原则，它占总分配的绝大部分；第三次分配体现的是资产收

益，占总分配的很小部分。这样一种分配机制设计，既体现了市场经济"按贡献分配"一般规律，也体现了合作社内部的一视同仁，更体现了"普惠共享"包容发展理念。它有利于激励贫困户内生动力，通过自己劳动，发展生产，增加收入。

(二) 对贫困户社员发展茶叶生产，实行有针对性地特惠精准扶持

302户贫困户虽然在合作社制度框架下，能平等地参与茶叶生产，能被一视同仁地参与收益分配，但是，贫困户所面临的"起跑线"和自身所具备的生产条件是不一样的，突出表现在缺资金、缺技术、缺劳动力、缺土地资源等，从而影响了贫困户的茶叶生产能力和鲜茶交易量，也影响了贫困户的最终所获收益。为了解决贫困户发展茶叶生产所面临的困难，秀水天香公司及"两社"对贫困户采取"吃小灶"特惠方式，给予有针对性的倾斜帮扶：①遴选党性强、技能好的党员建立党员服务队，对接帮扶贫困户，全程指导贫困户种茶、管茶、采茶、售茶。②为缺资金的贫困户免费发放生产资料。仅2016年，为贫困户免费发放茶树苗200万株、专用肥料80吨，总价值38万元。③为缺劳动力的贫困户免费发放采茶机械134台，帮助他们解决无劳力采茶难问题。④为缺土地资源、有种茶愿望的易地搬迁贫困户，给予茶园调剂扶持。其中，为解决15户易地搬迁集中安置到蛟龙寺村后的生产生活困难户，秀水天香公司不仅拿出3万多元为搬迁户购买了家具、床单、被褥等日常生活必需品，而且从合作社高标准茶叶基地中调整出40亩茶园，就近无偿分配给搬迁贫困户，确保他们搬得了、稳得住，有生产资料，有收入来源。⑤对贫困户交售鲜茶实行"三优先"：人多绿色通道优先，保护价收购优先，雨天收购优先。

通过采取"普惠+特惠"的产业扶贫机制和带动方式，与未加入合作社时相比，贫困户平均每亩茶叶经营收益由原来不到2 000元，提高到4 000元。

此外，秀水天香公司及旗下"两社"会同各村党支部，对5个村263户因病、因残、无劳动能力的深度贫困户，实行党员干部"一对一"结对帮扶，协助落实相关精准扶贫政策，帮助他们解决具体困难，确保他们在脱贫奔小康路上不掉队。

专栏3　因人因户施策，精准扶贫脱贫

磨坪村九组的肢体残障人魏久高，全家共5口人，是公司党员"一对一"帮扶对象之一。魏久高年过半百，家有茶园近10亩，在没加入合作

社之前，茶园总收入每年不到5 000元。加入合作社以后，合作社每年为其免费提供技术培训，并无偿扶持肥料、茶苗等物资，家庭收入连年增长。2015年，魏久高作为残障人用工被招聘进了稻花香集团包装厂，年工资收入1万多元。2016年，合作社春秋两次共扶持魏久高家生物有机肥11包，安排参加茶园管理技术培训2次，加上全家人勤劳创业，其子魏云山在协助父亲管理茶园的间隙还出门打散工，半年时间又可挣得1万多元，2016年家庭总收入达到了4.5万元，实现了脱贫目标。

2016年春节前夕，十八湾村老党员陈先本一家意外失火，家中房屋全部烧毁，高山云雾土地股份专业合作社派人第一时间赶赴现场，参与扑救，保证了他们家人的人身安全。灾后合作社还募捐资金及物资近3万元，让他们全家人过上了一个平安、温暖的春节。

磨坪村九组陈化轩一家，是合作社党员联系的特困户。合作社专门派人到陈化轩家面对面地传授种茶技术，并赠送有机肥20多包，把他培养成了一名技术能手。2016年陈化轩的家庭收入达到3万多元，一举脱贫。

六、授人以渔：自办培训学校扶智扶技

秀水天香公司及“两社”开展扶贫，始终坚持“授人以鱼不如授人以渔”的理念，把扶智、扶技摆在首位。为了提高贫困农户科技文化素质和科学种茶水平，秀水天香公司在贫困村蛟龙寺村，依托茶叶加工厂专门开办了一所茶农培训学校。学校设有多媒体教室，一次可容纳学员数百人上课学习。把培训学校办在农民身边、办在产业基地旁，有利于针对茶农对茶叶种、管、采、制中存在的技术短板，适时组织开展茶叶技术培训，帮助广大茶农提高专业技能。茶农培训学校制订有培训计划，聘请相关专家担任教师，采取讲座培训与现场实训相结合方式，帮助贫困农户“从思想上开窍，从操作上长技，从素质上增能”。2016年以来，已举办多期培训班，共培训茶农1 600人次。

茶农培训学校还不定期举行技能比赛。在组织的机采、手采的劳动技能比赛中，得出的结论是机械采摘茶叶是手工采摘的10多倍。从而为推广机械采茶新技术提供了眼见为实的证明，也为缺劳动力的贫困户采茶找到了“好帮手”。

专栏 4　技能提高，脱贫不难

合作社面对茶园管理良莠不齐、茶园效益低下的现实，下狠功夫进行茶园低产园改造。先后筹集资金 1 300 万元，帮助社员完成低产茶园改造 6 000 亩。低产茶园改造升级，不仅提高了茶叶产量，减少了管理难度，而且提升了茶园的园相，增加了机械采摘面积。机械采摘需要一定的技能，合作社党委成立了技能培训党小组，建立党员服务队，全程指导茶农种茶、管茶、采茶、制茶、售茶，采用机械采摘方式代替原有的手工采摘，效率提高了 10 倍。

蛟龙寺村三组的黄自淑说："自从入社后，统一的模式和管理降低了我们的劳动强度，提高了产量，还增加了我们的收入，一天只需工作 3 个多小时，多余的时间我就近就地打工，一天可以挣个一两百块钱。"

七、茶旅结合：协力实施贫困村提升工程

经过几年的努力，秀水天香公司及"两社"打造的生态茶叶产业链条已基本成型，产业发展已进入正常有序的运行轨道。茶叶产业发展壮大了，茶农们增收致富了，外出打工的纷纷返乡种茶了，老百姓的口袋鼓起来了，盖楼房、买小车的比比皆是。但汪家新并没有就此停下脚步，他和他的团队正在朝新的发展目标奋进。在当地政府的支持下，秀水天香公司在两个重点贫困村（磨坪村、蛟龙寺村）按照"茶旅结合、宜业宜居"思路，正在协同实施贫困村提升工程。

本着"山水园林路房"综合治理原则，按照"把村庄当景区建、把基地当景点建"的提升目标，对两个贫困村的基础设施、生产生活条件、产业基地、村庄环境、农民住房等进行全面提档升级。先后争取到扶贫、农业、水利、国土、交通、住建等部门的项目支持，秀水天香公司及合作社作为贫困村提升工程项目的承接人，在两个贫困村实施改造低产茶园 6 000 多亩，修建茶园便道 12 000 米、机耕道 16 000 米；整修河堤 9 000 米、铺设排洪沟 13 700 米，硬化道路 3 000 米；协助农民改造土坯房 260 栋等。蛟龙寺村这个原来"垃圾靠水冲、臭气随风刮"的贫困小山村，如今变成了"蓝天白墙民居，绿地碧水人家，生态秀美清新，田园景色宜人"的靓丽村庄，成为远近闻名的宜业宜居新农村、茶旅结合示范村、休闲观光康养村。

"十三五"期间，秀水天香公司及"两社"计划完成"五个一"的农旅结合项目建设：改造升级老茶园 1 万亩；建成一个农旅结合的观光旅游基地；建好一个茶叶博物馆；配套建设一个旅客游乐中心；建设一个万吨精制茶叶加工

出口基地，把下堡坪乡的茶叶打入国际市场。

尽管汪家新和他的团队在创业扶贫方面取得了很大成绩，受到了广大贫困群众和茶农的交口称赞，但公司在以下方面尚须进一步努力：①合理利用下堡坪乡的优势资源，发展多种经济，避免产业的单一性或由于茶叶市场变化给农民收入带来的风险；②进一步理顺公司与合作社关系，健全合作社内部分配决算制度，完善制度化的扶贫“带贫”机制；③合作社党建还有待从制度机制方面做进一步探索和完善。

【点评】汪家新作为一家民营企业的董事长，一名本土党员致富带头人，他和他领办的秀水天香公司自2010年以来，顺应家乡茶产业发展需求，回归创业7年，不仅企业自身发展壮大，实现了由“夫妻店”向省级龙头企业的转变，更重要的是领衔发展壮大了一方产业，搞活了一方经济，富裕了一方群众，带动了一批贫困人口精准脱贫。作为一名本土党员致富带头人，汪家新成为当地名副其实的经济引领人和基层产业党建引领人。汪家新和秀水天香公司所探索、所实践的因地制宜选准产业、“民营企业＋合作社＋贫困户”的“带贫”机制、村社结合把支部建在产业链上、企业自办培训学校扶智扶技、实施“茶旅结合、综合治理”贫困村提升工程等经验做法，具有较大推广价值，值得各地借鉴。

调研组：刘晓山　刘少锋　谭诗斌　罗　光　李　佳
执　笔：罗　光　谭诗斌
点　评：陈平路

思考题

1. 产业扶贫是激发农村贫困人口内生动力，实现增收脱贫的一项治本之策。但在实施产业扶贫过程中，不可避免会遇到经营风险特别是市场风险，而贫困户的风险承担能力相对较弱。如果风险控制不好，将会使产业扶贫效果大打折扣，甚至给贫困户带来不可预见的经济损失。那么，如何解决贫困地区贫困村在产业发展中的风险控制问题？

2. “公司＋合作社＋贫困户”是实施产业扶贫的一种常见基本形式，采取土地、资金入股等形式将贫困户吸纳加入合作社后，合作社从可分配盈利中对贫困户进行入股分红。这样，合作社和贫困户都面临着税收问题：合作社因从事某些非免征行业要缴纳企业所得税，贫困户要缴纳股权收益所得税。对于这一问题，如何合理解决？

案例10　脱贫当自强　不忘穷乡亲

——重庆市黔江区贫困户王贞六养蜂创业扶贫略纪

重庆市黔江区扶贫办

盛夏，是卷子树开花的季节。走进黔江区彭水苗族土家族自治县郁山镇玉山村的桃树园，可以看见成群结队的蜜蜂围着卷子树盛开的黄色小花，嗡嗡地转个不停。在机耕路附近的一处长满杂草的空地上，一个老人正忙着清理蜂巢里的杂物。

他，就是黔江区黑溪镇胜地社区的村民王贞六。2014年还是建档立卡贫困户的王贞六，靠养蜂尝到了甜头，2016年全家一举摆脱了贫困。率先脱贫的王贞六，不忘穷乡亲，2017年做出惊人之举：送出35桶中蜂，帮带村里的25户建档立卡贫困户一起发展养蜂，使他们能尽快脱贫，过上“甜蜜”生活。

一、自强自立：七旬老人养中蜂一举告别贫困

王贞六今年67岁，全家3口人。老伴罗啟碧63岁，体弱多病；儿子王元文40岁，因患脑膜炎留下后遗症，为智力二级残障和视力三级残障，丧失劳动能力。2014年，王贞六一家被识别确定为建档立卡贫困户。

王贞六有爆破手艺。前些年，他在黔江区及周边的一些采石场从事爆破，平均每月可挣4 000元。老伴罗啟碧除了在家照顾残障儿子，在地里种些玉米、水稻等，每年喂头把猪，养几只鸡，放养一、两桶中华蜜蜂（简称中蜂，也称土蜂）。应当说，一家人的生活虽不富裕，但尚可过得去。

这几年，一方面因保护生态，一些采石场相继关闭了；另一方面，随着王贞六年过六旬，外出务工爆破没人用了。全家以往每月比较稳定的4 000元收入一下子没了，老伴和儿子每月1 000多元的医药费也无着落，家里顿时陷入深度贫困。

一段时间，王贞六经常一人坐着发呆，苦思冥想，不知所措。一家三口老弱病残，出路在哪里？他并不想就此“以歪就歪”，躺在政府身上吃救济，总想自己动手干点事情，找点挣钱的门路。一天，他坐在大门前，屋檐下面的两

桶中蜂，嗡嗡地在他头顶飞来飞去。顿时，他萌发了发展养蜂的想法。

2015年7月，黔江区启动精准脱贫攻坚战。区驻村扶贫工作队进村入户，走访贫困户，帮助分析致贫原因，找准脱贫路子，实行精准帮扶。驻村工作队走访王贞六家时，针对罗啟碧体弱多病、王元文重度残障的困难，资助其参加农村基本医疗保险，帮助购买小额人身意外伤害保险和大病医疗补充保险。针对王贞六年龄大，外出打工和发展其他产业不现实的状况，经工作队和结对帮扶人员集体“会诊”，建议他参加重庆市扶贫办组织的中蜂养殖培训班。

中蜂种群小，仅靠零星蜜源就能维持其生存，且中蜂耐寒能力强，因此特别适合在山区定地饲养。而山区蜜源以深山零星生长的中草药、野花等为主，中蜂采集各种蜜源后，酿出的蜂蜜在口感上更有层次感，蜂蜜中的营养成分也格外丰富。重庆“两翼”地区以山区为主，适合发展中蜂，并且这些年市场行情一直比较好，销路不愁。

当年9月，在黑溪镇政府的推荐下，王贞六在市里参加了为期一周的中蜂养殖培训班。培训归来后，王贞六获得了区里支持的2 000元产业扶贫启动资金，并筹措部分资金买回8桶中蜂，开始起步搞规模化养蜂。王贞六按照培训时所学的技术，精心管理，精心喂养，初获成功。当年，王贞六养蜂收入加上家里其他收入共达1.8万元，一举实现脱贫。

2016年年初，王贞六通过找亲戚借钱，自筹资金又买回35桶中蜂，养蜂总规模达到43桶。2016年5月，国务院扶贫办副主任欧青平到黔江区督查调研，随机抽查了黑溪镇胜地社区、光明村和金溪镇金溪社区、山坳村的脱贫攻坚情况。在黑溪镇胜地社区贫困户王贞六家里，欧青平了解到王贞六通过参加市扶贫办组织的中蜂养殖技术培训，得到区里支持的2 000元产业扶持资金，加上自筹资金购买43桶中蜂，年收入可达到4万多元。

王贞六作为建档立卡贫困户脱贫代表，在座谈会上发言时说：养蜂不需要多少体力，男女老少都可以做；不需要多大投入，不像养猪牛羊要花钱建圈舍；对环境无污染，对生态无破坏，是农民脱贫致富的好门路。欧青平听完发言后，高度赞赏，并嘱托王贞六把养蜂产业做大，带动身边的贫困户一道养蜂、脱贫致富。

二、倾力帮扶：带领穷乡亲发展养蜂加快脱贫

2016年8月，在区扶贫办和镇政府的大力支持下，王贞六申请了扶贫贴息贷款10万元，购买中蜂64桶，养蜂规模达到107桶。在此基础上，王贞六领衔成立了“黔江区担子坪中蜂养殖合作社”。2017年年初，王贞六的中蜂养殖规模已达到205桶，成为当地闻名的养蜂大户。

“一人富不是富，大家富才是富”。王贞六脱贫致富不忘众乡亲。2017 年 4 月 19 日这天，王贞六家异常热闹。他通知村里因病、因残、弱劳等 25 户建档立卡贫困户，背着背篓来到他家。王贞六根据各家的贫困程度，每户赠送 1 桶或 2 桶中蜂，帮助他们发展养蜂。这天，王贞六为村里 25 户贫困户免费赠送中蜂 35 桶，价值 3.5 万元。“政府帮我脱了贫，理应把村里的贫困户拉一把。我送给他们的中蜂在今年，1 桶可分成 2 桶，2 桶可分成 4 桶。只要管理和技术跟上，一个家庭增收 3 000～5 000 元不成问题。”王贞六如是说。

王贞六不仅免费送蜜蜂，还免费提供技术服务。从 2016 年年初开始，他为村里养殖中蜂的邱祖平、邱老三、黄成光、罗登权、帅远杰等贫困户义务当技术指导，帮助他们在 2016 年年底实现脱贫。

【点评】这是一个扶贫同扶志、扶智相结合的典型案例。王贞六老人自强不息养蜂脱贫致富、不忘穷乡亲的感人事迹，给人们启示良多：

（1）贫困户脱贫致富，根本出路还得靠自己，靠内生动力，靠自强自立。如果躺在政府身上吃救济，只能保基本不能发展，只能治标不能治本。唯有靠自己双手，靠辛勤劳动，才能发展致富，才能干出一片新天地。

（2）在贫困户最困难的时候，需要政府、工作队帮一把，把“最后一公里”问题解决好，为贫困户送去“及时雨”，就能起到“四两拨千斤”的作用，解决大问题。本案例中的黔江区政府扶贫部门，给王贞六提供了一次技术培训、2 000 元的起步资金、10 万元的小额贷款，就扶出了一个脱贫标杆，培育了一个致富带头人，带动几十户贫困户，影响了一大片。

（3）扶贫需要进行感恩教育，需要营造“先富帮后富”的社会氛围。感恩不是对政府的感恩，而是对社会的回报，对善举的传递。王贞六是一位懂得感恩的纯朴老农民，他没有豪言壮语，没有庄严承诺，他的思想很简单：“政府帮助我家脱了贫，我理应把村里的贫困乡亲拉一把”；但他的行动却践行了“先富帮后富”的价值理念，传递了扶危济困的善举。这是每一个致富带头人或先富者所应具有的思想境界和大爱情怀。

执　笔：编写组整理
点　评：谭诗斌

思考题

1. 通过本案例，如何进一步加深理解习近平总书记在党的十九大报告中提出的“注重扶贫同扶志、扶智相结合”的深刻含义？在脱贫攻坚实践中，如何激发贫困户的内生动力，帮助他们提高自我发展能力，走自强自立脱贫致富路子？

2. 本案例再次说明，精准扶贫需要因户因人施策，驻村帮扶需要帮在点上、扶在根上，只有这样才能事半功倍、取得实效。如何在精准扶贫基层实践中，切实解决好扶贫政策措施落实到户“最后一公里”问题？

POSTSCRIPT 后 记

习近平总书记在2016年6月20日召开东西部扶贫协作座谈会上的讲话中明确指出："加大对西部地区干部特别是基层干部、贫困村致富带头人的培训力度，帮助西部地区提高当地人才队伍能力和水平，打造一支留得住、能战斗、带不走的人才队伍。"这一重要论断直击要害，发人深省，抓住了打好脱贫攻坚战必须解决好的关键问题中的关键矛盾。

脱贫攻坚战的核心目标在于帮助贫困村和建档立卡贫困户增收脱贫。而发展当地特色产业，实现地方经济繁荣和可持续发展是落实精准脱贫、巩固脱贫成果，确保实现贫困地区人民群众对美好生活愿望无法回避的必经之路。在市场经济高度发达的今天，农村发展特色产业必须引入经营管理、品牌战略、市场营销等现代农业理念，通过对土地、资金、劳动力、技术等生产要素有机整合、综合开发才有可能实现长效收益。然而，建档立卡贫困户多数是缺资金、缺劳力、缺技术、缺经营能力、商品率极低的自给半自给型小农经济体，他们分散经营、单打独斗，很难在汹涌澎湃的市场大潮中觅得生机。培育一批贫困村创业致富带头人，有组织有步骤地提高他们的组织化程度，逐步实现产业化生产、市场化经营，是打造产业价值创造链条、做大做强特色扶贫产业的基本前提，也是实现贫困村贫困户稳定增收、稳定脱贫的重要保障，更是加强农村基层组织建设、壮大贫困村集体经济，以及在贫困地区实施乡村振兴战略、实现长效持续发展的基础性工程。

为了认真贯彻习近平总书记关于扶贫工作的重要论述，国务院扶贫办将贫困村创业致富带头人培育工程列为精准扶贫十大工程之一，通过办试点、抓典型、出台文件、完善政策、组织示范培训等手段大力推进。各省（自治区、直辖市）积极跟进，按照国务院扶贫办的统一部署积极实施贫困村创业致富带头人培育工程，在推进产业扶贫、带动贫困人口增收、实现精准脱贫中发挥了重要作用，并涌现出一批先进典型。

为总结推广先进典型经验，经国务院扶贫办同意，全国扶贫宣传教育中心（以下简称“宣教中心”）组织编写本书，并将其纳入“全国扶贫教育培训教材（第一批）”出版发行。编写工作，由宣教中心主任黄承伟总负责，副主任刘晓山具体负责。

为了做好编撰工作，宣教中心曾于2016年11月召开扶贫系列教材编写方案评审会，讨论通过了编写方案。同年12月，向各省（自治区、直辖市）发出《关于征集贫困村创业致富带头人培育案例的函》。截至2017年1月底，各地共推荐案例素材108份。经认真筛选，确定第一批10个优秀案例纳入本教材编写范围。2017年上半年，编写组先后深入各入选案例实地，开展进村入户实地调查和现场考察，挖掘典型经验，获取一手资料。宣教中心刘晓山副主任、刘少锋处长参加了全部案例的现场调研和编写方案拟定，以及案例教材的审稿工作。

本案例教材编写工作由华中科技大学（中国·南方）减贫与发展研究院案例教材编写组具体负责。该院案例教材编写组主要成员：谭诗斌［华中科技大学（中国·南方）减贫与发展研究院副院长］、陈平路［华中科技大学（中国·南方）减贫与发展研究院副院长、管理学院财政金融系主任、教授］、洪绍华［华中科技大学（中国·南方）减贫与发展研究院副院长］、罗光（华中科技大学管理学院财政金融系副主任、MBA教育中心主任、副教授）。主要参与人员：王忠贤［华中科技大学（中国·南方）减贫与发展研究院扶贫监测评估中心主任］，李攀（湖北交通职业技术学院教师），覃伟、燕东彦、李佳、李秀美、陈晨（华中科技大学管理学院硕士研究生）。

本案例教材的编写分工和最终成果稿撰写执笔：综述和案例1谭诗斌；案例2谭诗斌、李佳；案例3洪绍华；案例4陈平路、李秀美；案例5谭诗斌、李佳；案例6陈平路、燕东彦；案例7谭诗斌、李攀；案例8编写组整理；案例9罗光、谭诗斌；案例10编写组整理。各案例点评专家：陈平路、洪绍华、王忠贤、罗光、谭诗斌。统稿工作由谭诗斌完成。

在本教材编写过程中，国务院扶贫办相关领导和相关各司给予了大力支持和具体指导；中国农业大学人文与发展学院李小云教授、左停教授，在对本教材评审时提出了十分宝贵的修改意见；中国农业出版社在对本教材审校过程中，给予了专业指导和大力支持。在此，一并表示衷心感谢！

由于我们水平有限，本教材难免有不妥之处，敬请各位赐教和指正。

编　者

2018年5月

图书在版编目（CIP）数据

贫困村创业致富带头人培育工程优秀案例选编/全国扶贫宣传教育中心组织编写．—北京：中国农业出版社，2018.8（2018.12 重印）
全国扶贫教育培训教材
ISBN 978-7-109-24109-1

Ⅰ.①贫… Ⅱ.①全… Ⅲ.①农村-扶贫-干部培养-中国-教材 Ⅳ.①F323.8

中国版本图书馆 CIP 数据核字（2018）第 081845 号

Pinkuncun Chuangye Zhifu Daitouren Peiyu Gongcheng Youxiu Anli Xuanbian

中国农业出版社出版
（北京市朝阳区麦子店街 18 号楼）
（邮政编码 100125）
责任编辑　黄向阳
文字编辑　王玉水

北京中兴印刷有限公司印刷　　新华书店北京发行所发行
2018 年 8 月第 1 版　　2018 年 12 月北京第 2 次印刷

开本：700mm×1000mm　1/16　　印张：8.5
字数：148 千字
定价：32.00 元